THE BMX BOOK
von Ralf Maier

ISBN 978-3-00-029692-5

Am Dreieck 4, 51107 Köln
www.thebmxbook.de

CIP Titelaufnahme der Deutschen Bibliothek
Maier, Ralf: THE BMX BOOK - Das Buch über BMX-Freestyle

Titelfoto: Patrick Gross by Jan Philipp Kovermann

Fotos: Jan Philipp Kovermann, Layout: Roman Scheid, Lektorat: Markus Wilke

Achtung: Viele der in diesem Buch vorgestellten Tricks können bei falscher Ausführung gefährlich sein. Alle abgebildeten Akteure sind langjährige und erfahrene BMX-Fahrer. Versuche nie einen Trick, der Deine Fähigkeit übersteigt! Fahre immer mit der entsprechenden Schutzausrüstung. Der Autor übernimmt keinerlei Haftung für Schäden an Körper und Material, die durch Ausführung der Tricks verursacht wurden.

THE BMX BOOK

BY RALF MAIER

INHALT

VORWORT

Dieses Buch handelt von dem Sport, der seit 1980 mein Leben bestimmt: BMX. Die Abkürzung „BMX“ stammt aus dem Amerikanischen und steht für „Bicycle Moto Cross“. Wortwörtlich übersetzt, bedeutet das ungefähr soviel wie „Querfeldein-Radrennen“. Aber Moment mal – da stimmt doch etwas nicht! Wenn man sich die einzelnen Wörter ansieht, dann bemerkt man, dass die Abkürzung für „Bicycle Moto Cross“ eigentlich „BMC“ und nicht „BMX“ sein müsste. Schließlich beginnt das englische Wort cross mit einem „c“.

Dass man trotzdem von BMX spricht, liegt daran, dass cross im Englischen sowohl „Querfeldein“ als auch „Kreuz“ bedeutet. Und welcher Buchstabe sieht einem Kreuz am ähnlichsten? Natürlich das „x“.

Als BMX noch in den Kinderschuhen steckte, war es maßgeblich von Motocross beeinflusst und versuchte seinen großen Bruder möglichst detailgetreu nachzuahmen. In der Anfangszeit entwickelte sich daher zunächst BMX-Race, also Crossrennen auf einem 20-Zoll-Fahrrad. Im Laufe der Zeit wurde das einigen Fahrern langweilig und sie begannen damit, Tricks auszuprobieren. Die Geburtstunde von BMX-Freestyle hatte geschlagen.

BMX-Freestyle hat sich in den letzen 20 Jahren rasant weiterentwickelt und mittlerweile ein Niveau erreicht, von dem ich allenfalls träumen konnte, als ich 1991 und 1996 meine ersten beiden BMX-Bücher veröffentlichte. BMX-Teile sind heute leichter und gleichzeitig stabiler als jemals zuvor, die Tricks noch viel athletischer und anspruchsvoller als damals. Nichts scheint mehr unmöglich zu sein und was damals noch Standard war, ist heute längst ein alter Hut. Es war deshalb an der Zeit, ein neues Buch zu schreiben.

In den folgenden Kapiteln wird ausführlich auf die Geschichte, Technik und Tricks von BMX-Freestyle eingegangen. Bekannte Experten kommen zu den einzelnen Disziplinen zu Wort, in die sich der Sport mit der Zeit ausdifferenziert hat. Wer schon immer alles Wissenswerte über Flatland, Street, Park, Dirt und Vert erfahren wollte, sollte also unbedingt weiterlesen. Ein großer Teil des Buches besteht außerdem aus Trickerklärungen, die Fahranfängern - aber auch Fortgeschrittenen - viele nützliche Tipps geben.

BMX-Tricks lernt man nicht über Nacht, denn es handelt sich hierbei oft um komplexe Bewegungsabläufe, deren Perfektion viel Übung erfordern. Davon sollte sich niemand entmutigen lassen, schließlich ist noch kein Meister vom Himmel gefallen. Mal lernt man an einem Tag ein oder zwei Tricks, mal kann es Wochen oder sogar Monate dauern, bevor der Groschen gefallen ist. Fast alle Tricks in diesem Buch bauen aufeinander auf und es ist wichtig, zuerst die einfacheren Figuren zu lernen, bevor man sich an schwierigen wagt.

Doch halt, das ist noch nicht alles! Das Besondere an diesem Buch ist, dass es dazu eine Lern-DVD gibt! Alle Tricks, die auf den folgenden

Seiten abgedruckt sind, findet man auf dieser DVD wieder. Die Kombination von Buch und Video ist in dieser Form einmalig und soll das Lernen neuer Tricks erleichtern. Das Buch kann man bequem zum Fahren mitnehmen und die DVD zuhause anschauen, um die Tricks aus verschiedenen Perspektiven oder in Zeitlupe zu studieren.

Doch genug der Worte! Ein Buch oder eine DVD kann die Fahrpraxis nicht ersetzen. Also schnappt euch euer Rad, geht damit vor die Tür und fahrt einfach. Denn nur durch die tägliche Routine und den Umgang mit dem Rad, könnt ihr letztendlich die Tricks lernen, von denen ihr schon immer geträumt habt.

Viel Spaß dabei,

Ralf Maier

ENTSTEHUNGSGESCHICHTE

VON DER RENNSTRECKE ÜBER DIE STRASSE ZUM SKATEPARK

BMX wie wir es heute kennen, entstand vor etwa 40 Jahren an der amerikanischen Westküste. Zwar fanden schon 1958 erste Fahrradcrossrennen in Holland statt, diese brachten aber nicht die Fahrradform hervor, die noch heute für jedes BMX-Rad als Vorbild dient.

Angefangen hat alles im Winter 1969 mit ein paar Motocross begeisterten Jungs im sonnigen Kalifornien. Natürlich waren unsere Freunde chronisch pleite und konnten sich den Traum von einem eigenen Motorrad nicht erfüllen. Um ihren Vorbildern aber dennoch nachzueifern, kamen sie auf die Idee, mit ihren Beachcruiser-Rädern über selbstgebaute Sprünge zu heizen. Es stellte sich jedoch sehr schnell heraus, dass die Räder dieser Tortur nicht lange standhielten und gleich reihenweise in die Brüche gingen. Das regte so manchen Vater, Onkel und Tüftler zum Nachdenken an und nach und nach entstanden in Garagen und Werkstätten die ersten Cross-Räder mit extra verstärkten Rahmen, Gabeln und Lenkern.

Ron Makler, ein Veranstalter für Motocross-Rennen aus der Gegend, bekam Wind von der Sache und kam auf die Idee, ein Rennen für diese 20-Zoll-Räder zu organisieren. Als Austragungsort wurde eine verkürzte Motocross-Strecke in Palm Park gewählt. Die Geburtsstunde von Bicycle Moto Cross hatte geschlagen.

Der Erfolg ließ nicht lange auf sich warten. Am ersten Rennen nahmen 30 Starter teil, in der darauf folgenden Woche waren es bereits 150. Und das war erst der Anfang! Woche für Woche kamen immer mehr Kids nach Palm Park, um an den Rennen teilzunehmen.

Was dann folgte, ist eine schon fast typische amerikanische Erfolgsgeschichte. Zunächst enstanden erste Garagenfirmen, die sich auf den Bau von BMX-Rädern spezialisierten. Ein Vorreiter auf diesem Gebiet war Lynn Kastan, der Redline gründete. Er war der erste professionelle BMX-Rad-Hersteller. Redline brachte für die damalige Zeit unheimlich robuste BMX-Räder heraus, die in ihrem Erscheinungsbild bzw. Rahmenbau gedrungen wirkten und mit den beim Motocross üblichen Stollenreifen ausgestattet waren. Fast über Nacht entstand so eine neue Sportart mit der dazugehörigen Industrie. Spätestens als das amerikanische Fernsehen im Frühjahr 1971 den Film *On any Sunday* von Steven McQueen ausstrahlte, in dem neben Motocross-Szenen auch diese seltsamen kleinen Fahrräder zu sehen waren, mit denen man erstaunlich gut springen konnte, begann BMX in den USA landesweit zu boomen.

Im Sommer 1973 baute Ernie Alexander die erste richtige BMX-Strecke, und diese war ganz nach dem Geschmack der noch jungen Szene. Der Kurs ging teilweise steil bergab und war mit vielen schwierigen Hindernissen gespickt, die Fahrer und Material gleichermaßen auf eine harte Belastungsprobe stellten. Wenig später wurde die erste BMX-Organisation gegründet: die B.U.M.S. (Bicycle United Motocross Society). Es folgten die ABA (American Bicycle Assocation) und die NBL (National Bicycle League), zwei Verbände also, die bis heute zu den weltweit bedeutendsten Ausrichtern von BMX-Rennen gehören. In ihnen sind fast 200.000 lizensierte BMX-Rennfahrer organisiert.

Im Verlauf der siebziger und achtziger Jahre gewann BMX-Race stetig an Popularität. Es war daher nur eine Frage der Zeit, bis die BMX-Welle Ende der Siebziger auch nach Europa schwappte. Als erstes erreichte sie Holland. Der Auslöser dafür war eine Reise der niederländischen Motocross-Größe Pierre Karsmkers und seines Schwagers Gerrit Does nach Amerika, wo Gerrit das erste Mal mit BMX in Berührung kam und sofort genauso begeisterst davon war, wie vor ihm zigtausend amerikanische Teenager. Von diesem Moment an war er von diesem neuen Sport besessen. Kaum wieder zuhause, schnappte er sich ein paar Freunde und legte die erste BMX-Strecke Hollands an.

Der hiesige Radsportverband KNWU zeigte Interesse an Does' Treiben und bevor man sich versah, fand in den Niederlanden die erste BMX-Europameisterschaft statt. Mittlerweile hatte sich das BMX-Fieber auch in den umliegenden Ländern ausgebreitet und erste Rennen waren in England, Frankreich und natürlich Deutschland organisiert worden.

In Deutschland fand das erste offizielle BMX-Rennen 1979 in Bremen statt. Als dann 1982 *E.T. – Der Außerirdische* in die bundesdeutschen Kinos kam, breitete sich der BMX-Virus auch hierzulande flächendeckend aus. In der Folgezeit wuchs der BMX-Race-Sport in Deutschland zusehends. Vereine und Verbände wurden gegründet, BMX-Bahnen schossen wie Pilze aus dem Boden und jede Menge Rennen wurden veranstaltet. Sogar eine BMX-Zeitung (BMX Speed bzw. später BMX Sport) gab es schon damals.

Der Race-Boom ebbte Ende der achtziger Jahre vorerst ab und Anfang der Neunziger verwaisten immer mehr BMX-Bahnen und es fanden deutlich weniger Rennen statt. Im gleichen Zuge nahm das öffentliche Interesse an der noch jungen Sportart ab und Städte und Gemeinden strichen die Förderung der BMX-Vereine immer weiter zusammen.

Nach einer knapp zehnjährigen Durststrecke begann das Interesse an BMX-Race in Deutschland wieder aufzuflammen. Der Höhepunkt dieser Entwicklung war die Austragung der BMX-Race-EM in Weiterstadt im Jahre 2008. Heutzutage hat sich BMX-Race als eine ernstzunehmende Sportart etabliert und ist sogar eine olympische Disziplin geworden.

Bei der Olympiade in Atlanta hatte man es schon als Demonstrationsportart ins Vorprogramm geschafft, und 2008 war es endlich so weit: BMX-Race feierte seine Premiere bei den Olympischen Spielen in Peking. Der Erfolg bei den Spielen war groß. BMX wurde vom Publikum sehr gut angenommen und auch das IOC sieht BMX als Bereicherung der Spiele an, so dass auch 2012 in London wieder ein olympisches BMX-Rennen stattfinden wird.

Weitere Informationen über den BMX-Race-Sport bekommt man beim Bund Deutscher Radfahrer.

BMX-Freestyle

Anfang der achtziger Jahre entwickelte sich neben BMX-Race eine weitere Form des BMX-Fahrens: BMX-Feestyle. Zu diesem Zeitpunkt konnte man BMX-Räder schon in fast jedem Fahrradladen kaufen. In den Großstädten standen die Kids aber nun vor dem Problem, dass es in ihrer Nähe meistens keine BMX-Bahn gab. Daher probierten sie ihren neuen Bikes einfach auf der Straße aus, wo sie von Bordsteinen sprangen, auf dem Hinterrad fuhren und versuchten, möglichst lange auf der Stelle zu balancieren. Zu den ersten Tricks gehörten außerdem der Curb Endo, Bunny Hops sowie Front- und Backwheelhops.

Die großen Betonskateparks, welche Anfang der siebziger Jahre während des ersten großen Skateboard-Booms gebaut worden waren, kamen den Verrückten auf Ihren BMX-Rädern gerade recht. Was lag näher, als hier die Tricks der Skater auf dem BMX-Rad nachzuahmen? Es dauerte nicht lange, bis die ersten Fahrer damit Erfolg hatten und ein paar Tricks draufhatten. Die Namen für diese Manöver übernahmen sie einfach vom Skateboarding, so wie beispielweise Drop In, Air und Fakie.

Nach und nach entwickelte sich BMX-Freestyle immer mehr zu einer eigenen, facettenreichen Sportart mit verschiedenen Disziplinen. Am Anfang wurde fast ausschließlich „Ground“ (Bodentricks; das spätere Flatland) und Quarterpipe gefahren (viertelkreisförmige Rampe mit vertikalem Abschluss), später wurde die Quarterpipe von der Halfpipe (halbkreisförmige Vertikalrampe) abgelöst und Miniramp (kleine Halfpipe ohne Vertikale), Park (Fahren auf einem Rampenparcours) und Street (Tricks auf der Straße, bei denen die Architektur mit einbezogen wird) kamen hinzu. Aber natürlich vergaßen die Freestyler auch ihre Wurzeln nicht und bauten sich aus Erde Sprunghügel, um darüber die verschiedensten Tricks auszuprobieren. Heute nennt man diese Form des BMX-Freestyle „Dirt".

Als Erfinder des Freestyle gilt Bob Haro, der Anfang der achtziger Jahre in San Diego den ersten Freestyle-Rahmen entwickelte. Er gründete später seine eigene Firma Haro, die auch noch heute auf dem BMX-Markt mitmischt. Eben dieser Bob Haro doubelte übrigens in *E.T.* Elliotts Brüder und sprang über bzw. auf Polizeiautos. Gleichzeitig entstanden die ersten BMX-Freestyle-Teams, wie zum Beispiel das legendäre BMX Action Trickteam mit R.L.Osborn und Mike Buff sowie Tinker Juarez vom gleichnamigen BMX-Magazin.

Mitte der Achtziger begannen BMX-Firmen, die bislang nur Race-Räder gebaut hatten, damit, spezielle Freestyle-Räder herzustellen. Viele Firmen leisteten sich außerdem ein eigenes Freestyle-Team, das sie quer durch die USA schickten, um den neuen Sport einem größeren Publikum näher zu bringen. Hersteller wie GT oder Skyway veranstalten sogar Promotione-Touren in Europa.

Auch im Freestyle ließen eigene Wettbewerbe (auf Englisch: *Contests*) nicht lange auf sich warten. Aufgrund der wachsenden Popularität des Sports fanden diese schon damals teilweise in großen Arenen statt und tausende von Zuschauern feuerten die Teilnehmer an. Legendär sind die Finalläufe der AFA Contestserie im Velodrom von Los Angeles, zu denen Fahrer und Fans aus ganz Amerika anreisten. Nicht weniger wichtig war die 2hip-Serie, welche von dem bekannten BMX-Profi Ron Wilkerson ins Leben gerufen wurde. 2hip Contests fanden auf Halfpipes statt und waren schon allein deswegen ihrer Zeit voraus. Eigentümliche Austragungsorte (ein Contest in Texas fand auf einem Floß statt) und eine lockere Atmosphäre taten ihr Übriges. Auf diesen Wettbewerben machte sich ein gewisser Mat Hoffman einen Namen, der später zum besten Halfpipefahrer aller Zeiten werden sollte. Über diese und andere Wettbewerbe, aber auch die Stars und Sternchen der Freestyle-Szene, berichteten Ende der Achtziger nicht weniger als fünf US-amerikanische BMX-Magazine.

Leider erlitt auch BMX-Freestyle, genauso wie BMX-Race, Anfang der neunziger Jahre einen Einbruch. Der erste Boom hatte seinen Zenit überschritten und in der Folge gingen die Radverkäufe stark zurück. Viele bekannte Firmen strichen die Segel, die meisten Magazine wurden eingestellt und die meisten Profis standen auf einmal ohne Sponsoren da. In dieser „toten Zeit", in der es kaum BMX-Events gab, gründete der bereits erwähnte Mat Hoffman seine eigene Contestserie: Bicycle Stunt Contests. Diese Wettbewerbe waren bis Ende der neunziger Jahre für die immer kleiner werdende Freestyle-Gemeinde sehr wichtig. Sie stellten lange Jahre eine der wenigen Möglichkeiten dar, sich in einem organisierten Rahmen zu treffen, um gemeinsam BMX zu fahren. Später gingen die Bicycle Stunts Contests übrigens in den X-Games auf.

Diese Zeit war für BMX-Freestyle auch insofern sehr wichtig als dass sich unter den verbliebenen Fahrern immer mehr die Überzeugung durchsetzte, dass ihr Sport nur dann überleben konnte, wenn sie sich der Sache selbst annahmen. Wer weiß schließlich besser darüber Bescheid, was Freestyler lieben und brauchen, als die Fahrer selbst?! In bester Do-it-yourself-Manier entstanden so zahlreiche sogenannte *rider-owned-companies*, also Firmen, die von Fahrern gegründet und geführt wurden.

Tricktechnisch hatten sich BMX trotz sinkender Beliebtheit stetig weiterentwickelt und war kaum noch mit dem zu vergleichen, was die Fahrer Anfang der Achtziger mit ihren Rädern angestellt hatten. Jene alteingesessenen Firmen, die noch übrig gebliebenen waren, hatte diese Entwicklung verschlafen und versorgten den Markt mit Billigprodukten, die den neuen Anforderungen in keiner Weise standhielten . Dies rief BMX-Profis wie Chris Moeller (S&M Bikes und später Fit Bike Co.), Ron Wilkerson (Wilkerson Airlines, später 2hip Bikes), Rick Moliterno (Standard Industries) und Mat Hoffman (Hoffman Bikes) auf den Plan, die mit ihrer Vision von guten BMX-Produkten ernst machten, indem sie eigene Firmen gründeten, die qualitativ hochwertige Teile anboten. Andere BMXer begannen damit Klamottenfirmen zu gründen, Magazine zu veröffentlichen oder Videos zu produzieren.Bald schon hatte sich BMX zu großen Teilen von den alten Strukturen befreit und war fest in der Hand der Fahrer.

Ein wirklicher Neuanfang hatte sich vollzogen. Egal ob eigene Wettbewerbe, Firmen oder Medien - alle erfolgreichen BMX-Firmen befinden sich seit dieser Zeit in der Hand von (ehemaligen) BMXern oder werden von solchen geleitet.

Auch in der deutschen Szene vollzog sich dieser grundlegende Wandel. Thomas Göring begann damit BMX-Teile unter dem Label KHE zu produzieren. Kay Clauberg, Klaus Dyba und ich gaben ab 1993 das freedombmx Magazin heraus, während Thomas Stellwag (Soul BMX Video) und Markus Arnoldy (Beware) die Szene mit frischem Videomaterial versorgten. Später kamen noch Firmen wie wethepeople und Mankind hinzu, aber auch viele andere Fahrer zeigten großes Engagement. Dafür sei ihnen an dieser Stelle gedankt! Es ist diesen Menschen zu verdanken, dass BMX heute weiter verbreitet ist als jemals zuvor.

Im neuen Jahrtausend hat sich BMX nicht nur rasant weiterentwickelt, sondern hat auch an Popularität zugelegt. Dies hat den Sport wieder für szenenfremde Firmen interessant gemacht, die nun, wie schon während des ersten BMX-Booms, als Sponsoren auf BMX-Veranstaltungen in Erscheinung treten. Auch die Mainstreammedien berichten erneut häufiger über BMX-Wettbewerbe, auf denen nicht selten hohe Preisgelder winken. So können einige Fahrer selbst in Deutschland als Profis von ihrem Sport leben. Vor 20 Jahren war das noch undenkbar, ein Traum. Heute ist dieser Traum Wirklichkeit geworden.

Die zukünftige Entwicklung von BMX kann niemand voraussagen, aber dennoch ist abzusehen, dass wir trick- und produkttechnisch noch lange nicht das Ende der Fahnenstange erreicht haben. Außerdem zeichnet sich eine Entwicklung ab, die seit Jahren immer offensichtlicher zutage tritt und heutzutage schon größtenteils Realität geworden ist: Die einzelnen Disziplinen haben immer weniger miteinander zu tun und werden immer spezieller. Ein Blick auf das aktuelle Angebot an BMX-Rädern macht dies deutlich. Es ist kaum anzunehmen, dass jemand verrückt genug ist, mit einem modernen Flatlandrad einen Halfpipewettbewerb zu bestreiten.

Aber wie auch immer sich BMX weiterentwickeln wird, eines scheint sicher: es wird uns auch in den kommenden Jahrzehnten erhalten bleiben. Und wer weiß, mit etwas Glück wird BMX-Freestyle in den nächsten Jahren genauso eine olympische Disziplin sein wie BMX-Race. Ich drücke dafür auf jeden Fall die Daumen!

// Ralf Maier, Philharmonie, Köln (1991), Foto: Urz

BIKE- UND SKATEPARK PLANUNG

ENTWICKLUNG, PLANUNG UND BAUWEISEN - SO ENTSTEHT EINE GUTE ANLAGE

Hinweise zur Planung und Realisierung von Bike- und Skateparks

In den vergangenen Jahrzehnten haben sich BMX und Skateboarding einen festen Platz in der deutschen Sportlandschaft erkämpft. Städte und Gemeinden tragen diesem Umstand Rechnung, indem sie vielerorts sogenannte Bike- und Skateparks errichten lassen. Selbstverständlich ist diese Entwicklung erst einmal positiv und grundsätzlich zu begrüßen. Leider ist es aber so, dass bei der Umsetzung dieser Bauprojekte häufig gravierende Fehler gemacht werden. Dies hat zur Folge, dass so mancher teure Park entweder von der Szene nicht angenommen wird oder innerhalb kurzer Zeit erhebliche Schäden aufweist. Dieser Text möchte mögliche Planungsfehler aufzuzeigen, damit solche in Zukunft vermieden werden können.

Rollsport wird vorwiegend von jungen Menschen ausgeübt und ist von einem urbanen Lebensgefühl geprägt. Bei der Wahl einer geeigneten Fläche für eine Rollsportanlage ist es wichtig, diesen Umstand zu berücksichtigen. Unglücklicherweise wird das oft nicht getan und der Park am Stadtrand angesiedelt, also für Jugendliche schwer erreichbar und fernab von jenem städtischen Umfeld, dass die Nutzer lieben. Damit die Anlage sich zu einem echten Treffpunkt für die Szene entwickelt, ist es jedoch unerlässlich, dass sie zentrumsnah gelegen und frei zugänglich ist.

Nicht weniger wichtig ist es, dass die Rampen und Hindernisse (*obstacle*) einen guten Fahrfluss (*flow*) gewährleisten. Nur wenn sie so aufgestellt werden, dass das Fahren von flüssigen *Lines* (Fahrlinien) möglich ist, bleibt die Anlage auch längerfristig für ihre Nutzer interessant. Dies wird durch eine dynamische und organische Anordnung der Sportgeräte erreicht, die harmonisch in das Umfeld integriert werden.

Aufgrund der Tatsache, dass BMX, Skateboarding und Inlineskaten in den letzten 20 Jahren zu 80 Prozent im öffentlichen Raum, d.h. auf der Straße, ausgeübt wurden, haben sie sich zu sogenannten *urban sports* entwickelt. Im Vordergrund steht für sie dementsprechend die Einbeziehung der städtischen Architektur in die verschiedenen Trickfiguren. Diese Form des Fahrens wird von den Sportlern selbst als „Streetfahren" bezeichnet. Bei der Planung entsprechender Anlagen, sollte diese Entwicklung bedacht werden. Aus heutiger Sicht macht es wenig Sinn, einen Park zu bauen, der ausschließlich aus einer reinen Rampenlandschaft besteht, da eine solche nur von einem kleinen Teil der BMX- und Skateszene genutzt wird. Vielmehr ist es wichtig, den Sportlern das Gefühl zu vermitteln, dass es sich bei ihrer Anlage um einen authentischen und legalen Platz zum Streetfahren handelt. Das Erscheinungsbild erfolgreicher BMX- und Skateplätze erinnert dementsprechend an öffentliche Plätze (*plaza*). Für Anlagen dieser Art hat sich in der Szene der Ausdruck *skate plazas* durchgesetzt.

Ein positiver Nebeneffekt von Skate Plazas ist, dass sie durch ihre hohe Aufenthaltsqualität nicht nur für die Sportler attraktiv sind, sondern auch Passanten zum Verweilen animieren und so den Akteuren Publikum verschaffen. Sterile Anlagen mit Stadioncharakter können diesen Effekt nicht erreichen und sind daher abzulehnen. Das Stichwort lautet hier: Urbane Architektur. Diese Form der Architektur bezieht die vorgefundene Topographie in das individuelle Design der Anlage mit ein und sorgt somit dafür, dass die Nutzer kaum einen Unterschied zwischen den Elementen der künstlich geschaffenen Rollsportfläche und „echten" öffentlichen Plätzen feststellen können.

Eine ausgewogene Platzgestaltung sollte jede Art von Nutzung ermöglichen, die auf dem vorgefundenen Belag denkbar ist. Je vielseitiger ein Skatepark ist, desto interessanter und anregender ist er für die Sportler. Insofern sollte eine gelungene Anlage viele verschiedene individuelle Herausforderungen bieten.

Zum Arsenal möglicher Rampen und Hindernisse gehören Curbs, Banks, Ledges, Bowls, Funboxen, Treppen, Handgeländer und Wallrides sowie Quarter-, Spine- und Jumpramps in unterschiedlichen Höhen und Breiten. Es ist zudem sinnvoll, einen fest aufgebauten Rampenparcours durch verschiedene mobile Elemente aus dem öffentlichen Raum zu ergänzen. Zu solchen Elementen zählen Picknicktische, Tonnen, Bänke etc. Sie sorgen für Abwechslung im täglichen Betrieb und gewährleisten, dass sowohl Anfänger als auch Fortgeschrittene die Anlage nach ihrem jeweiligen Leistungsniveau spontan verändern können.

Beachtet man all diese Punkte, so kann man sicher sein, dass ein Park für die Nutzer langfristig interessant bleibt.

// S. 16-17: Dominique Leibin, Bikepark Winterberg, Foto: JPK
// Foto rechts: Axel Reichertz, GKN Skatepark Trier, Foto: Joachim Jaeger

BIKE- UND SKATEPLAZAS WERDEN DIE ROLLSPORTANLAGEN DER ZUKUNFT SEIN

// Plaza Schifflange, Luxemburg, Foto: Axel Reichertz

Was ist bei der Planung eines Parks zu beachten?

Eine erste Hilfestellung für Planer bietet die DIN EN 14974 für Benutzer von Rollsportgeräten. Darüber hinaus ist es für die Verantwortlichen sinnvoll, schon während der Planungsphase den Kontakt zu aktiven Sportlern zu suchen. Diese wissen meistens ganz genau, welche Fachleute und Hersteller für attraktive Anlagen verantwortlich sind. Glücklicherweise ist die Zahl jener Firmen, Hersteller und Architekten, die selber BMX, Skateboard oder Inline fahren und/oder Anlagen in Zusammenarbeit mit der Szene entwickeln, in den letzten Jahren kontinuierlich gestiegen.

Als sinnvolles Verfahren in der Zusammenarbeit mit der örtlichen BMX- und Skateszene hat sich die kooperative Workshopmethode erwiesen. Die Beteiligung der Sportler am Entstehungsprozess mit Vorschlägen, Ideen, Diskussionen usw. erhöht nicht nur deren Interesse am neuen Park, sondern führt auch zur höchstmöglichen Akzeptanz durch die späteren Nutzer. Nicht weniger wichtig ist es, die Sportler in den Bauprozess einzubinden, um das Verständnis für die, am grünen Tisch getroffenen Entscheidungen, zu fördern.

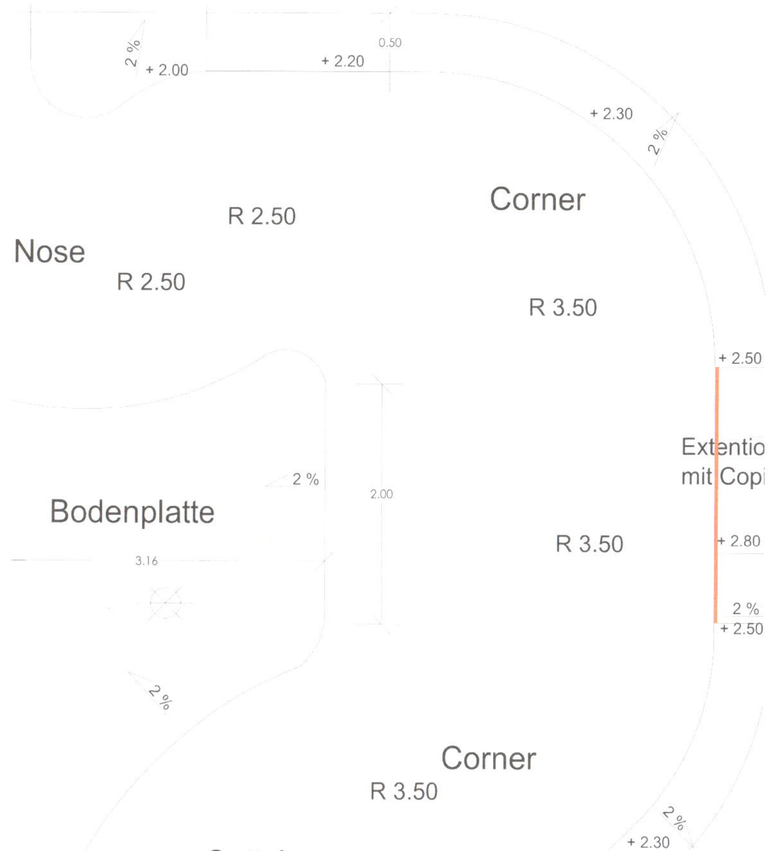

Verschiedene Bauweisen und Materialien

Bei der Wahl des Baumaterials gibt es zwei Möglichkeiten: Entweder entscheidet man sich für eine Anlage, die komplett in der Ortbetonbausweise erstellt wird oder man greift auf eine Kombination aus Beton- und Holzelementen zurück, die auf einer Asphaltfläche angeordnet werden.

Komplette Ortbetonbauweise

// *GKN Skatepark Trier, Foto: Axel Reichertz*

Es gibt mehrere Gründe, die für eine Ortbetonbauweise sprechen:

- Diese Möglichkeit der freien Formgebung bietet Skateboardern, BMXern, Inlinern sowie Mountainbike-Fahrern jeder Alters- und Könnensstufe ständig neue Herausforderungen;
- lange Lebensdauer: die monolithische Bauweise macht mechanische Schäden (zum Beispiel durch Vandalismus und Abnutzungen durch den normalen Fahrbetrieb) nahezu unmöglich;
- individuelle Anpassung an vorgefundene topographische Situation möglich;
- hervorragende Rolleigenschaften bei gleichzeitig optimaler Haftung;
- geringe Geräuschentwicklung;
- geringe Wartungskosten;
- nahtlose Verbindungen ohne Auffahrtsbleche oder vorstehende Schrauben;
- hohe skulptural-künstlerische Ästhetik;
- jede Anlage ist ein Unikat;
- der touristische Nebeneffekt gewährleistet ein sehr großes Einzugs gebiet.

Kosten - Als Faustregel für die Ermittlung der zu erwartenden Baukosten, können circa 250 – 450 Euro/m² angesetzt werden. Preisschwankungen entsehen, wie bei jeder Baumaßnahme, durch unterschiedliche Standortfaktoren, wie zum Beispiel Erschließung der Baustelle, vorgefundene Entwässerungsmöglichkeit, prozentualer Anteil der gerundeten Bauelemente usw.

Die zu erwartenden Wartungskosten eines Ortbetonskateparks sind als sehr gering einzustufen. Lediglich einmal jährlich sollte eine Kontrolle der Bausubstanz und das Verschließen von Rissen in der Oberflächevorgenommen werden.

Sonstiges - Aufgrund der komplizierten und teilweise freien Modellierung der Betonelemente, werden an den Bauüberwachenden hohe Anforderungen gestellt. Es ist davon auszugehen, dass eine sehr intensive Betreuung des ausführenden Unternehmens notwendig wird, da diese in der Regel noch wenig Erfahrung im Bau solcher Anlagen haben.

Technische Hinweise für die Ortbetonbauweise

Statik - Eine statische Berechnung für die Rollflächen ist nicht erforderlich, da die Belastung durch BMXer und Skater für den Betonbelag so gering ist, dass sie vernachlässigt werden kann. Für eventuell benötigte Mauern mit Stützfunktion ist selbstverständlich der normal übliche statische Nachweis durchzuführen.

Entwässerung - Damit die Anlage einen möglichst hohen Fahrfluss gewährleistet, sollte sie so geplant werden, dass Abläufe oder Einbaurinnen möglichst gar nicht, oder wenn nicht anders möglich, dann in den Randbereichen der Sportfläche angeordnet werden.

Dehnfugen - Notwendige Dehnfugen sind entsprechend der DIN-Norm vorzusehen. Ihre Ausbildung bedarf besonderer Sorgfalt, damit keine Rollwiderstände bzw. Rollstörungen entstehen.

Stahlteile - Aus Gründen der besseren Haltbarkeit (Stichwort: Kantenschutz) werden in Bike- und Skateparks an verschiedenen Stellen Stahlteile in unterschiedlichem Ausführungen eingebaut.

Die Einbaustellen werden bestimmt durch Intensität und Art der Beanspruchung. In erster Linie handelt es sich bei der Beanspruchung durch die Sportler um das sogenannte „Sliden" und „Grinden", also das entlang rutschen an Kanten mit dem Sportgerät. Grundsätzlich sollten alle Stahlteile aus verzinktem Stahl hergestellt werden. Wichtig ist in diesem Zusammenhang eine exakte Werksplanung, da die Stahlteile auf Maß angefertigt werden müssen, bevor sie verzinkt und eingebaut werden können.

Coping (Stahlrohr) - Verwendung: an der Oberkante von Transitions (gerundeten Elementen). Material: Stahlrohrsegmente, feuerverzinkt.

Stahlkante - Verwendung: an Oberkanten von Curbs (Podeste oder mauerähnliche Elemente). Material: Winkelstahl, feuerverzinkt. (siehe Foto S. 24)

// **Stahlkante** - *Jürgen Funk, GKN Skatepark Trier, Foto: Ralf Maier*

Rail (Handlauf)- Verwendung: aufgestellte Stahlelemente in unterschiedlichen Höhen, die einem Handlauf nachempfunden sind.
Material: Hohlprofilstahl unterschiedlicher Querschnitte, feuerverzinkt.

Rissbildung - In jedem Beton bilden sich Risse. Ihr Auftreten kann durch eine entsprechend berechnete Rissbewehrung minimiert werden. Eine solche Bewehrung würde jedoch beim Bau von Bike- und Skateparks zu unverhältnismäßig hohen Kosten bei gleichzeitig geringem Nutzen führen. Die Risse haben aufgrund der geringen Belastung durch BMXer und Skater keine Auswirkungen auf die Tragfähigkeit des Betons.

Im Zuge der einmal pro Jahr stattfindenen Wartung werden eventuell entstandene Risse mittels eines Epoxidharzauftrags verschlossen und so gegen eindringendes Wasser geschützt. Dieses Verfahren hat den Vorteil, dass es keine abrollstörenden Beeinträchtigungen des Untergrunds nach sich zieht und deshalb die Nutzung der Anlage auch nach dem Auftragen weiterhin uneingeschränkt möglich ist.

Beispielhafter Aufbau

Grundsätzlich gilt es, den Baugrund möglichst genau vorzuprofilieren und zu verdichten. Der Betonaufbau lässt sich in zwei Kategorien einteilen:

1. Ebene und geneigte Flächen (Flat und Bank);
2. Gerundete Bauteile (Transition)

Als besonders geeignet für diese Elemente hat sich Beton der Güte C 20/25 oder C 30/35 erwiesen.

Ebene und geneigte Flächen
- 30-40 cm Schottertragschicht 0/32
- 10 cm Magerbeton
- konstruktive Bewehrung durch Baustahlmattenlage
- 15 cm Ortbeton, Oberfläche geglättet

Gerundete Bauteile
- 30-40 cm Schottertragschicht 0/32
- 10 cm Magerbeton
- konstruktive Bewehrung durch Baustahlmattenlage
- 10 cm Spritzbeton (Unterbelag), Korngrößen 0/8
- 5 cm Spritzbeton (Deckbelag), Korngrößen 0/4, Oberfläche geglättet

// Schalung der Transitions

Kombination von Asphalt als Rollfläche mit Beton- und Holzelementen

Neben der Ortbetonbauweise, besteht natürlich auch die Möglichkeit, Betonelemente auf einer Asphaltfläche in Kombination mit Holzrampen aufzustellen. Die Vorteile dieser Möglichkeit liegen auf der Hand:

- geringe Investitionskosten, da auf bestehenden Asphaltflächen mit Holzrampen günstig etwas erreicht werden kann;
- Möglichkeit der schnellen Veränderung von Fahrlinien (*flow*) durch Versetzung und Umbau der Elemente;
- Nachrüstung von einzelnen Elementen möglich.

Diese Variante ist günstiger und flexibler als die Komplettbauweise aus Beton, hat aber auch einige Nachteile:

- Um einen nahtlosen Übergang vom Asphalt zum Beton oder Holz zu bekommen, müssen Edelstahlbleche verwendet werden, deren Befahren eine hohe Geräuschkulisse zur Folge hat;
- Holzrampen, und besonders deren Rolloberfläche (Belag), haben eine relativ kurze Lebensdauer; diese schwankt je nach Material zwischen zwei und fünf Jahren;
- die Kombination von drei verschiedenen Materialien bedeutet drei verschiedene Oberflächenbeschaffenheit bzw. Rollgeschwindigkeiten;
- Holz hat intensive Wartungsintervalle (zum Beispiel müssen Schrauben regelmäßig nachgezogen werden) und sind anfällig für Vandalismus.

Es zeichnet sich weltweit ab, dass sich Anlagen in kompletter Ortbetonbauweise durchsetzen. Wegen ihrer positiven Eigenschaften werden sie von den Sportlern am meisten angenommen und frequentiert. Es gibt im Gegensatz dazu in einigen Teilen Deutschlands Holzanlagen, die – kaum eröffnet – dem Ansturm durch die Nutzer nicht gewachsen waren und nun teuer saniert werden müssen.

// Holz auf Asphalt im Mellowpark, Berlin - Foto: David Ulrich

Erfahrungsbericht zum Bau von Skateparkanlagen in Ortbetonbauweise

Der Betonbowl im Bikepark Winterberg

Im Bikepark Winterberg, dem größten Mountainbikepark nördlich der Alpen, wurde im Frühjahr 2009 ein Betonbowl in die dortige Slopestylestrecke eingefügt. Der Bowl ist einzigartig und vereint BMX- und MTB-Dirt-Action.

Der Bowl öffnet sich zur Strecke hin und hat verschiedene Höhen. Die Radien der Rundung variieren zwischen 2,20 m bis 3,5 m. Die Flanken des Bowls sind niedriger als die Stirnseite und verfügen über abgerundete Oberkanten, so dass es auch Fahranfängern möglich ist, in diesen Bereich ohne Probleme einzufahren. Die höhere Stirnseite schließt hingegen vertikal ab und verfügt über ein Coping, um 180-Grad-Sprünge (Airs) zu erleichtern. Es ist möglich, über eine *Hip* (90-Grad-Sprung) in den Bowl zu gelangen, man kann aber auch geradeaus darauf zufahren. Welchen Weg man auch wählt, immer bietet sich den Fahrern die Möglichkeit, die Rundungen der Anlage zur Beschleunigung für eine Weiterfahrt in den restlichen Streckenbereich zu nutzen oder einfach im Bowl zu bleiben und mehrere Tricks hintereinander auszuführen. Es besteht außerdem die Möglichkeit, direkt aus dem Bowl in eine weitere Fahrspur (Line) zu springen.

Der Betonbowl in Winterberg wurde in kürzester Zeit zu einem wahren Publikumsmagneten. Nicht nur die Biker sind von ihm begeistert. Auch Besucher aller Alters- und Sozialgruppen bleiben stehen und lassen sich von den Aktionen in und um die Anlage faszinieren. Die schöne landschaftliche Lage, die behutsame Einfügung in die vorhandene Topographie sowie die skulpturhafte Ausführung in Ortbeton und das große Engagement des Bikeparks Winterberg und des MTB-Streckenbauers Jan Sponsiel, sind wesentliche Gründe für den vollen Erfolg dieser Anlage.

// Jan Philip Kovermann mal vor der Kamera im Bikepark Winterberg, Foto: Ralf Maier

Schlusswort

Viel zu oft kommt es vor, dass Städte und Gemeinde eine Menge Geld für einen Bike- oder Skatepark ausgeben, und dieser dann entweder nicht von den Sportlern angenommen wird oder innerhalb kurzer Zeit so starke Schäden aufweist, dass kostspielige Reperaturarbeiten notwendig werden, um einen gefahrlosen Fahrbetrieb auch weiterhin zu gewährleisten. Der vorliegende Text hat versucht darzulegen, dass diesen Missständen vorgebeugt werden kann, wenn man sich von vornherein für eine Anlage aus Ortbeton entscheidet. Unabhängig davon, für welches Material man sich am Ende entscheidet, kann nicht oft genug betont werden, dass sich grundsätzlich Fachleute, Sportler, Ingenieure und Architekten während der Planungsphase an einen Tisch setzen sollten, um das Projekt gründlich zu diskutieren. Nur in der Diskussion können alle relevanten Fragen schon im Vorfeld angesprochen und dadurch der Weg zu einer kooperativen Zusammenarbeit geebnet werden.

// Bruno Hoffmann carvt durch den Giro Bowl im Bikepark Winterberg - Foto: JPK

MELLOWPARK

WENN TRÄUME WAHR WERDEN

EASTPAK

Zum Schluss noch mal auf Anfang!

von Karl Heinz Kloppisch und Hans Friedrich

Man sagt, dass kurz vor dem Ende noch einmal das ganze Leben vor dem inneren Auge abläuft. Ich kann dem nur zustimmen. Die letzten Tage auf dem Gelände des Mellowparks an der Friedrichshagener Straße gehen gerade vorbei und gänzlich ungewollt erinnere ich mich an die Zeit, die sonst allenfalls noch in Schwarzweiß-Fotografien und unleserlichen Tagebuchrandnotizen zum Leben erwacht.

Zum Beispiel an jene längst vergangenen Tage Mitte der Achtziger als wir aus alten Rollschuhrädern und Pressleimholzplatten Skateboards zusammenschraubten und mit umgebauten Klapprädern durch die Berge heizten. Fern von der konsumgesteuerten Wegwerfgesellschaft der Gegenwart, schafften wir uns mit einfachsten Mitteln und unerschütterlichem Willen das, was uns keiner gönnen wollte: ein Stück Freiheit im Osten!

Ich denke, im Grunde sind wir alle immer noch eben diese abenteuerlustigen, kreativen, unabhängigen Kinder von damals geblieben. Und so erwuchs aus diesen Wurzeln rund 20 Jahre später eine liebevolle Gemeinschaft, die im In- und Ausland ihresgleichen sucht. Allen politischen und rechtlichen Hindernissen zum Trotz entstand auf einer hügeligen Lehmlandschaft, die mir als Pennäler noch als Schulgarten gedient hatte, die Location für den ersten Highway to Hill.

Was waren das für Zeiten! Ich war gerade mal 19 Jahre jung - an Backflips, Tailwhips, Frontflips und Double Whips war noch nicht zu denken. Ein normales BMX-Rad wog über 16 Kilo und Kettenblätter mit 44 Zähnen waren das Normalste der Welt. Zu jener Zeit, im Jahre 2000, war der Mellowpark in seiner heutigen Form gerade mal ein Traum. Er war eine Idee, nicht die Realität. Die Realität waren diese Trails am Rand vom schönen Berlin-Köpenick, auf denen Timo Pritzel damals mit einem Backflip den Jam gewann und Tobias Wicke - glaubt man der Legende - seinen ersten Tailwhip auf Dirt stand. Und obwohl dieser Contest so klein war, zeigte er ein paar fleißigen Leuten, dass es möglich ist, etwas Eigenes, etwas Größeres zu erschaffen. So hat der erste H2H einen Stein, der zwar schon rollte, erst so richtig losgetreten. Dieser Stein ist in den vergangenen Jahren zu einer Lawine namens Mellowpark geworden.

Heute gilt der Mellowpark als der größte Skatepark Europas. Er wird von dem Betreiberverein all eins e.V. unterhalten, der 1994 von Jugendlichen aus dem Jugendkulturzentrum „All" gegründet wurde. Der Park hat in den Sommermonaten bis zu 24.000 Besucher und kann auf ein vielseitiges Angebot verweisen: BMX-Meisterschaften, Kultur-Events, Konzerte, ein Hostel, ein BMX-Ferienlager und vieles mehr. Für eine ganztägige Betreuung des Parks sorgen neben zwei bis drei Mitarbeitern zahlreiche ehrenamtliche Helfer. Dem Verein gehören über 200 Jugendliche an, ohne deren Mithilfe die Pflege und Unterhaltung der Anlage nicht möglich wäre. Heute ist die Marke Mellowpark besonders in den Bereichen Rampenbau, Eventmanagement, Foto- und Grafikdesign bekannt und garantiert seinen Partnern erstklassige Qualität und die Umsetzung ihrer Projekte.

Wie man den Mellowpark betreibt? Nun, das ist eine schwierige Frage. Sicher ist, dass eine Menge Kreativität, Tatendrang und vor allem Idealismus in diesem Projekt stecken. Immer wieder muss man versuchen, freiwillige Helfer einzubinden, sie zu inspirieren und zu schauen, wo ihre Interessen liegen. Auf der anderen Seite gibt es natürlich das Finanzielle. Der Bezirk und das Jugendamt unterstützen das

carhartt
EASTPAK
Red Bull
FELTBIKES
CIRCLE
MELLOWPARK
WETHEPEOPLE
bike co.
carhar

VANS
T··Mobile

angrenzende Jugendzentrum ALL und den all eins e.V. mit 75.000 Euro im Jahr. Aus diesem Beitrag, der für die Jugendarbeit bereitgestellt wird, finanzieren sich neben den Betriebskosten drei Stellen für Sozial- und Jugendarbeitern. Der Mellowpark hingegen wird für den Bezirk kostenneutral vom all eins e.V. betrieben. Der größte Teil der Kosten, die der Park verursacht, stammt aus Aufträgen für private Unternehmen und Drittmitteln, die nicht den Landeshaushalt belasten.

Stillstand ist langweilig und aufgeben auch. Deswegen hat der Mellowpark in den letzen zwei Jahren gegen eine Schließung des Geländes an der Friedrichshagener Straße gekämpft und nach vielen Demos und zähen Verhandlungen auf politischer Ebene eine Umsiedlung auf ein neues Grundstück erwirkt.

Was mit einer grandiosen Idee klein begann, wurde eines der liebsten Kinder des Bezirks. Deshalb verwundert es auch kaum, dass aus den 20 bis 30 Helfern von früher, heute über hundert geworden sind. Ständig fühlen sich neue Leute inspiriert, Improvisation, Kreativität und gnadenlosen Muskeleinsatz für den Mellowpark oder ihre eigenen Projekte zu bündeln und jungen Sportlern aus aller Welt jene Tore zu öffnen, die es für uns so nicht gegeben hat.

Schraubstock und Zange haben wir zwar inzwischen gegen Flex, AutoCad und Digitalkamera eingetauscht, der Wille ist aber dennoch geblieben. Jede Perle Schweiß, jeder Tropfen Blut und jede Träne war und ist es wert. Für die Gemeinschaft der Rollbrett- und Hüpferadfahrer, die Kulturbegeisterten und engagierten Projektarbeiter lohnt es sich allemal.

Natürlich wird er sich verändern, der Mellowpark der Zukunft. Er wird strukturierter und größer werden. Schlussendlich aber wird er vor allem besser werden und noch mehr Menschen begeistern – und zwar Mitarbeiter wie Besucher gleichermaßen. Das macht Mut, gibt Kraft und stimmt froh ob der zu erwartenden Erlebnisse.

Also blickt man gern zurück auf die Ursprünge: die Besoffenen der Aftershow-Party, die sich am Durchgang zur Halle die Köpfe an den Rohren eingerannt haben, die überfüllten Hostelzimmer, die Rampen von der BMX-WM 2002, die im Mellowpark ein neues Zuhause fanden, den ersten Flipwhip im Jahre 2003 aus Tobias Wickes Feder und so vieles mehr, was in diesem Park über die letzten neun Jahre passiert ist.

// Hans Friedrich bei einer Pause im seinem Heimat-Park, dem Mellowpark, Foto: David Ulrich

Der Mellowpark: hier entstehen Träume und hier leben sie. Ich habe meinen Glauben an das Projekt nie verloren - an seine Einmaligkeit und an den Idealismus der darin zum Ausdruck kommt. Dieser Park hat nicht nur für mich vieles möglich gemacht. Er zeigt jungen Menschen in ganz Deutschland, dass man gemeinsam unglaublich viel schaffen kann. Und dass Träume realisierbar sind...

// S. 30-31 - Mellowpark bei Nacht, Foto: David Ulrich
// S. 33 - Rebel Jam, Miniramp, Foto: David Ulrich
// S. 34 - Hans Friedrich on Dirt, Foto: David Ulrich
// S. 36 - Mellowpark aus der Vogelperspektive, Foto: Christoph Friedel
// S. 38-39 - Viel Erde im Mellowpark - Perfekte Trails, Foto: David Ulrich

BMX-CAMPS

FOAMPITS UND LAGERFEUER-ROMANTIK - IN EINER GEMEINSCHAFTLICHEN ATMOSPHÄRE BMX ERLEBEN

Ob nun für Tennis, Schwimmen oder Fussball, für jeden Sport gibt es entsprechende Trainingslager. Nach dem gleichen Konzept sind BMX-Camps aufgebaut. Hier eine kurze Übersicht:

USA - In den USA gibt es einen ruhigen kleinen Ort. Er liegt inmitten der Berge Pennsylvanias, hat 377 Einwohner, einige Kirchen und eine Höhle, die man besichtigen kann. Eigentlich ist er nicht besonders spannend, und doch lässt der Name dieses Ortes das Herz der meisten BMXer auf der Welt höher schlagen: Woodward.

Hinter diesem Namen verbirgt sich das wohl beste Extremsport-Camp der Welt. Auf einem privaten und umzäunten Gelände, abgeschirmt von der Außenwelt, können Fahrer hier unter optimalen Bedingungen und mit Hilfe erfahrener Trainer ihre Tricks üben. Gegründet wurde das Camp 1970 von Ed Isabelle, einem Profi-Turner. In der Anfangszeit konnte man hier ausschließlich Kunstturnen trainieren, später kam dann BMX dazu.

Woodward öffnet einmal im Jahr während der amerikanischen Sommerferien für drei Monate seine Tore. Das Ganze ist eine Mischung aus Trainings- und Ferienlager. Die Teilnehmer schlafen und essen auf dem Gelände und haben einen fest geregelten Tagesablauf. Auch Neulinge ohne Vorkenntnisse und unerfahrene Fahrer sind willkommen. Viele bekannte BMX-Profis bereiten sich hier zudem auf ihre Wettbewerbe vor, oder verbringen dort einfach eine gute Zeit.

In Woodward ist schon mehr als einmal BMX-Geschichte geschrieben worden, und es klingt mit dem Namen auch immer ein wenig das Versprechen mit, dass man von einem solchen Campaufenthalt als neuer, besserer und mutigerer Fahrer wieder zurück nach Hause kommt. So ist es kein Wunder, dass jedes Jahr hunderte von BMX begeisterten Menschen aus aller Herren Länder in das beschauliche Dorf pilgern, um zu neuen Höhen aufzusteigen.

Das Woodward in Pennsylvania wird auch „Woodward East" genannt und war lange Zeit das einzige Camp seiner Art. Man könnte sagen, es ist die Mutter aller BMX-Camps und außerdem bis heute das größte Extremsport-Camp weltweit. Im sonnigen Kalifornien, in einem unaussprechlichen Ort namens Tehachepi, befindet sich seit einigen Jahren das neue „Woodward West". Dieses Camp verfügt über den wahrscheinlich teuersten Outdoor-Skatepark aller Zeiten und ist allein schon deswegen einen Besuch wert.

Aber ob nun East oder West, Woodward besteht immer aus verschiedene Innen- und Außenbereichen, wie zum das berühmte *Lot 8* oder *The Hangar*. Es gibt Betonparks, Dirtlines, Halfpipes und Minirampen, Street Plazas und Rampenparks in allen nur erdenklichen Größen und Höhen. Darüber hinaus findet man hier sogenannte *Foam* und *Resi Pits*, welche es den Fahrern ermöglichen, waghalsige Tricks mit geringem Verletzungsrisiko zu üben. Aber was genau sind „Pits" und was heißt eigentlich „Resi"?

„Pit" ist das englische Wort für Grube. Ein Foampit ist ein Becken, dass mit Schaumstoff-Schnipseln gefüllt ist und sich bestens dazu eignet, gefährliche Sprünge zu üben, ohne sich gleich dabei den Hals zu brechen. Resipits haben eine ganz ähnliche Funktion. Der Begriff bezeichnet im Englischen das deutsche Wort „Turnmatte". Im Camp versteht man unter Resipit eine Rampe mit abgefederter Landung. Dabei liegen Schaumstoffmatten dort, wo der Fahrer beim Sprung aufkommt und verhindern Brüche und Prellungen. Die abgefederte Landefläche bei Rampen und das Schaumstoffbecken sind Erfindungen des Woodward Camps. Wahrscheinlich wurde das Prinzip vom Kunstturnen übernommen.

WOODWARD
WOODWARD
WOODWARD
WOODWARD
WOODWARD

Beide Camps bietet außerdem zahlreiche Freizeitaktivitäten an, welche die Teilnehmer in Trainingspausen nutzen können. Wer sich für einen Aufenthalt in Woodward interessiert, dem sei der Besuch der Internetseite ans Herz gelegt (www.campwoodward.com). Allerdings kostet ein Aufenthalt circa 1000 Dollar pro Woche. Man muss also bedenken, dass die Kosten für das Camp inklusive Flug sehr hoch sind, und dass es durchaus auch Alternativen in Europa und Deutschland gibt, die man nutzen kann.

Europa - In Südfrankreich, direkt am längsten Strand Europas, liegt der Ort Moliets Plage. Dort, eingebettet hinter Dünen im Schatten eines Pinienwaldes, liegt das Freistil-Camp auf dem Campingplatz „Les Cigales". Ein paar Gehminuten vom Strand entfernt verbringen dessen Teilnehmer ihren Sommerurlaub mit allem, was dazugehört: Sonne, Strand und BMX. Die Unterbringung erfolgt in einer eigens für das Camp angelegten Zeltstadt, für die Verpflegung sorgt das Küchenzelt. Neben einem überdachten Essplatz steht den Fahrern ein Materialzelt zur Verfügung, in dem bei Bedarf, Fahrräder, Schutzausrüstung, Strand- und Brettspiele sowie Sonnenschirme kostenlos angeboten werden. Keine fünf Minuten vom Basiscamp entfernt befindet sich ein kleiner, anfängerfreundlicher Skatepark, der perfekt für spontane Übungseinheiten geeignet ist. In dem sechstägigen Kursprogramm werden darüber hinaus noch weitere Parks besucht.

Highlights dieses Camps sind die Ausflüge zu einem Skatepark in Bordeaux und zu den berühmten Dirtjumps der Region. Das Training stellt eine Mischung aus gemeinsamen Übungen und freiem Fahren dar. Als Trainer dienen erfahrene und bekannte Profis, die auf jeden Teilnehmer individuell eingehen. Das ist möglich, da die Teilnehmerzahl pro Kurs auf acht Personen begrenzt ist. An oberster Stelle im Kurskonzept steht die Freude am gemeinsamen Fahren. Ob Vollprofi oder blutiger Anfänger, jeder der das zwölfte Lebensjahr erreicht hat, kann teilnehmen und ist willkommen.

Deutschland - Mittlerweile haben sich auch hierzulande ähnliche Konzepte durchgesetzt. Wer nicht so weit reisen will, oder nicht über das nötige Kleingeld verfügt, um in die USA oder nach Frankreich zu fliegen, kann die kostengünstigeren, aber trotzdem sehr spannenden Alternativen in Deutschland nutzen. Preise, Dauer, Unterkünfte und Altersbeschränkungen variieren von Camp zu Camp und sollten immer im Vorfeld mit den jeweiligen Veranstaltern abgeklärt werden. Ist das geschehen, steht auch hier den Fahrern aller Altersklassen nichts entgegen, ihre Fahrstile und Fähigkeiten mit Hilfe exzellenter Trainer zu verbessern. Ein weiterer Vorteil deutscher Camps ist sicher, dass eventuelle Sprachbarrieren wegfallen und somit einen reibungslosen Austausch zwischen den Teilnehmern selbst und den Trainern ermöglichen. Auch plötzlich aufkommendes Heimweh ist so unter Umständen leichter zu regeln. Freundschaften, die hier geschlossen werden, halten vielleicht ein Leben lang.

Infaction Camps - Die Infaction BMX-Camps finden an vielen Standorten in Deutschland ganzjährig während der Schulferien statt. Anders als in Woodward, wo die Teilnehmer die ganze Zeit an einem festen Ort bleiben, wird gemeinsam mit Kleinbussen jeden Tag ein anderer Spot angefahren. Das hat den Vorteil, dass man viele verschiedene Skateparks und Trails in ganz Deutschland kennenlernt und die Teilnehmer so ideal ihren sportlichen Horizont erweitern können.

Bei den Camps in Bremen und Siegen stehen zudem Schaumstoffbecken zur Verfügung. Ein weiterer Vorteil der Infaction Camps ist, dass sie Wetterunabhängig sind, da im Bedarfsfall eine BMX-Halle besucht wird. Das ist für Deutschland ein wichtiges Kriterium, will man einen größtmöglichen Nutzen aus seiner Zeit im Camp ziehen. In den Infaction BMX-Camps setzen sich die Teilnehmer intensiv mit dem BMX-Sport auseinander. Hier steht vor allem die Praxis im Vordergrund. Bei jedem Camp wird ein speziell auf Einsteiger und Anfänger zugeschnittenes Basistraining angeboten, was besonders jüngeren Fahrern entgegenkommt.

Das Training findet meistens im „Jamformat" statt, das heißt, es wird gemeinsam frei gefahren. Die Trainer, alle Profis aus der Szene, geben währenddessen individuelle Tipps und Hilfestellungen und zeigen den Teilnehmern neue Tricks. Die Mahlzeiten werden gemeinsam zubereitet und eingenommen. Auf dem Programm steht auch immer ein Grillabend. Die Camps sind gleichermaßen für Einsteiger und Fortgeschrittene geeignet. Infaction bietet zudem - neben den Camps - Workshops und Roadtrips an. Wer also gerne Abenteuer erlebt, viele verschiedene Hallen und Spots sehen und fahren und auch bei schlechtem Wetter auf der sicheren Seite sein möchte, ist mit Infaction bestens beraten.

Mellowpark - Der Mellowpark befindet sich in Berlin-Köpenick, ist idyllisch an der Spree gelegen und darf getrost als eine Institution bezeichnet werden. Bekannt durch die Wettbewerbe *Highway to Hill* und den *Rebeljam*, ist er wohl der vielseitigste Extremsportpark Europas. Zur Verfügung stehen: eine große Minirampe, ein riesiger Streetpark mit Rails, Ledges, Spines, Quarters, verschiedenen Wallridevariationen und einer großen Jumpbox. Zusätzlich gibt es noch eine Streetfläche mit kleineren Hindernissen. Der Mellowpark verfügt zudem über eine eigene große, gut ausgebaute Dirtstrecke. Jedes Jahr besuchen viele Fahrer aus ganz Europa den Park und es kann passieren, dass man die Größen der BMX-Szene hautnah beim Fahren beobachten kann.

Die Unterbringung ist auf dem hauseigenen Campingplatz geregelt und erfolgt in Zelten, die mit Feldbetten ausgestattet sind. Neben einem reichhaltigen Frühstück gibt es einen Koch, der nach Wunsch die Campteilnehmer bewirtet. Das sechstägige Camp umfasst Streetsessions durch Berlin, einen Ausflug in die Roof BMX-Halle und den nahen Iltis Park sowie die Nutzung des gesamten Mellowpark Geländes. Die Betreuer kommen direkt aus der Szene, betreuen die Teilnehmer rund um die Uhr und stehen ihnen jeder Zeit mit Rat und Tat zur Seite. Das Mellowpark Camp richtet sich vor allem an ältere Fahrer, die bereits das 14. Lebensjahr vollendet haben und ist empfehlenswert für alle, die Berlin kennenlernen und einen unvergesslichen Sommer erleben möchten. Vorkenntnisse sind nicht notwendig.

Fazit - Wer seinen Fahrstil verbessern, oder mit Hilfe von erfahrenen Trainern neue Tricks lernen möchte, sollte sich überlegen, ein BMX-Camp zu besuchen. Solange man in Europa bleibt, ist so ein Aufenthalt durchaus bezahlbar und lohnt sich nicht nur in fahrerischer Hinsicht.

// S. 42: Auch die Profis nutzen das Resipit zum Üben. Hier Andy Buckworth im Resipit der Mega Rampe, Woodward East

// S. 44: Spass im Camp - Jeff Gipson, Waterslide, Woodward

// S. 45: Das Woodward East in seiner ganzen Größe

// S. 46-47: Jeremiah Smith, Superman in einer 7-Fuß Rampe

Alle Fotos von Jeffrey Robert Brockmeyer

WOODWARD
Red Bull

BMX IN DEN MEDIEN

VON GEDRUCKTEN HANDFESTEN MAGAZINEN UND ZINES ZUM WORLD WIDE WEB

BMX ist heute bekannter und verbreiteter als jemals zuvor. In Deutschland kann man am Kiosk zwei BMX-Magazine kaufen, auf den Sportkanälen und im Musikfernsehen wird regelmäßig über internationale Wettbewerbe berichtet und wer sich im Internet umguckt, stößt auf eine Vielzahl interessanter BMX-Inhalte. Am 09. November 2009 spuckte Google allein 24.100.000 Ergebnisse zur Suchanfrage „BMX" aus, Tendenz steigend.

Aber es war nicht immer so einfach wie heute, sich über BMX zu informieren. Anfang der achtziger Jahre war man dazu vor allem auf amerikanische Magazine angewiesen, die für teures Geld in den internationalen Zeitschriftenläden am Bahnhof oder Flughafen erhältlich waren. Wer etwas Glück hatte, fand dort die *BMX Action*, die *BMX Plus* oder die legendäre *Freestylin'*, welche als eine der besten BMX-Zeitschriften aller Zeiten gilt. Diese Magazine waren zwar auf Englisch geschrieben, aber das machte nichts – Hauptsache BMX! Aus den USA kamen damals auch die wenigen BMX-Videos, die in der deutschen Szene als schlechte VHS-Kopien die Runde machten. Berichte im Fernsehen waren noch seltener. Allenfalls im englischen Kabelfernsehen konnte man ab und an eine Folge *BMX Beat* sehen. Unvergessen ist auch der Auftritt des PTR-Trickteams im Ferienprogramm des ZDF.

Mitte der Achtziger erschien dann endlich die erste deutsche BMX-Zeitschrift: *BMX Speed*. Leider währte dieses Glück nicht allzu lange - mit dem Abklingen des ersten BMX-Booms wurde ihre Produktion nur wenige Jahre später wieder eingestellt. Ende des Jahrzehnts entstanden schließlich die ersten *Zines*. Diese selbstgemachten Magazine waren meist im A5-Format kopierte Heftchen mit eingeklebtem Schwarzweißfotos und allem Wissenswerten über die lokale Szene. Manche Zines wagten sogar einen Blick über den Tellerrand und druckten Artikel über Musik und Skateboarding ab. Allerdings waren die Kopiergeräte damals bei weitem noch nicht so gut wie heute und die Druckqualität dieser Hefte deshalb oft nicht besonders hoch. Aber das war egal! Zines waren lange Zeit die einzige Informationsquelle für BMXer und wurden weltweit getauscht und weitergereicht. Was zählte, war Neuigkeiten zu verbreiten und die kleine Szene zusammen zu halten.

Anfang der neunzigerJahre gab es dann kurzzeitig wieder zwei deutsche BMX-Magazine: *Monster BMX* und *BMX Sport*. Doch der BMX-Markt war damals noch zu klein und beide Zeitschriften wurden darum schon bald wieder eingestellt. Dies brachte wiederum Klaus Dyba (der zu dieser Zeit noch das *Beware Zine* herausgab), Kay Clauberg und Ralf Maier auf die wahnwitzige Idee, es selbst einmal mit einer BMX-Zeitung zu versuchen. So erblickte 1993 das *freedombmx* Magazin das Licht der Welt. Die erste Ausgabe hatte eine Auflage von 1.000 Stück und wurde im Schnelldruckverfahren vervielfältigt. Heute ist „die Freedom" das größte und wichtigste deutschsprachige BMX-Magazin. Mit einer Auflage von 27.000 Exemplaren erscheint es sechsmal im Jahr. Von der alten Crew ist noch Kay Clauberg übriggeblieben, während Klaus Dyba und Ralf Maier mittlerweile andere Wege gehen: Klaus ist Inhaber der Kölner Fahrradschmiede *wethepeople* und Ralf arbeit als Landschaftsarchitekt und Buchautor.

2002 erschien ein weiteres BMX-Magazin auf dem deutschen Markt: *Zwanzig Zoll*. Dessen Redaktion hat ihren Sitz im Berliner Mellowpark, dem wahrscheinlich wichtigsten BMX-Spot Deutschlands. Hier sitzen die Macher quasi direkt an der Quelle und über die Jahre ist „die Zwanzig" zu einem festen Bestandteil der deutschen BMX-Szene geworden. Sie erscheint inzwischen vierteljährig und ist nicht nur in BMX-Läden, sondern auch im Bahnhofshandel erhältlich.

BMX-Videos haben seit jeher einen hohen Stellenwert in der BMX-Szene. Seitdem Videoclips problemlos im Internet angeguckt werden können, finden sich hier auf Youtube und Vimeo viele tolle BMX-Videos

BMX ACTION
NOVEMBER 1985
U.S. $2.50
TEST INSANITY:
MT'S NEW FOX
ORA '86:
TE NOW
D WIN
EE
KES!
BMXA
RICK TEAM
WORLD TOUR
LIVE!
WILD MOTO ACTION: INDIA

N 8483 E März Nr. 3 / 1986 DM 4,–
BMX
SPORT
Titelstory: INDOOR HANNOVER
Freestyle: CONTEST GEMÜND
Technik: TEILE,SAFETY,REIFEN

THE NUMBER ONE BMX MAGAZINE!
RACING vs. FREESTYLE CONTROVERSY:
"FREESTYLERS ARE CHICKEN!"—HILL
"RACERS ARE OVERPAID!"—WOODY
BMX PLUS!
SEPTEMBER 1985
$2.00
BUILD YOUR OWN TRICK RAMP IN 10 EASY STEPS!!
DOWNHILL BMX MAKES A THRILLING COMEBACK!
PAGE 40
RAMP RIDING MADE EASY: GO FROM JOE SHMOLA TO EDDIE FIOLA!
SKYWAY'S HOT NEW STREET BEAT: THE FREESTYLE HEAT IS ON!
BMX BERM WARFARE-RAMBO STYLE: DIVE BOMBING BEHIND ENEMY LINES!

Freestyle
BMX
Magazine
Fahrrad-Action-Magazin
KING OF DI
TECHNO PA
WIE BAUE ICH EINE HALFPI
DAVE MILHA

FREESTYLIN
HUGE COLOR POSTER INSIDE!
MAGAZINE
1985 U.S. $2.50 CAN $3.00
RIPPIN
PICTORIAL ISSUE!

FREE VIDEO INSIDE
GO
THE RIDER'S MANUAL
FORMERLY FREESTYLIN' BMX ACTION
July 1990 U.S. $2.95
SICKEST TRICK EVER
Back Flip Fakie
exclusive photos on page 40
BY INVITATION ONLY:
6th Annual Paris Bercy Race

MONSTER
BMX
MAGAZIN
DOPPELAUSGABE DEZ '91/JAN '92

american
Freestyler
$2.75
OCTOBER 1988
GIANT
TOUR
SPECIAL
ON THE ROAD WITH GT•HARO•GENERAL• SCHWINN•SKYWAY• DYNO & MONGOOSE!

just an attitude...
2B
homEcOOkEd garmEnts

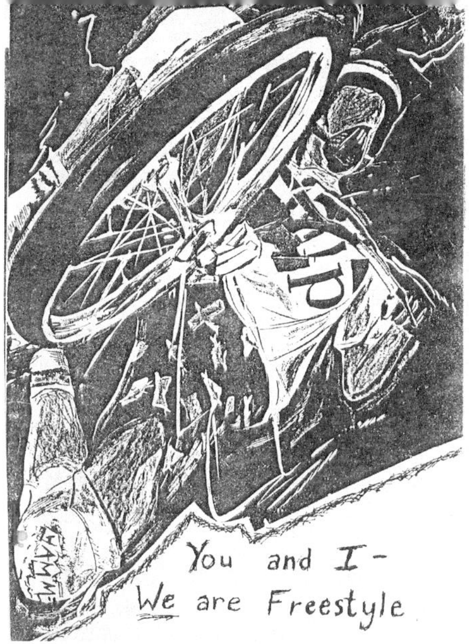
You and I -
We are Freestyle

BEWARE
ZINE No. 4
NO SLEEP 'TIL NURNBERG
LÄRM
FLATLAND
NACKTE ÄRSCHE

KOELLE-KOELLE-KOELLE-koelle-koelle-KOELLE-KOELLE-KOELLE-KOELLE-
DecAde
FREESTYLE ZINE
WAS WEISS ich wann 1988 nummer 1 volume #2

ISSUE: 16
1990
MAGAZINE
PRICE: £3,-

LABER
ZINE
9/10

check it out...
RAHF
Read And Have Fun 'zine
No. six
StREET ISSUE

totally intense
maga zine
£1
Issue 34 bro

- vom selbstgedrehten Clip bis zu Highend-Produktionen. Webblogs haben heute eine ähnliche Funktion wie sie früher die Zines hatten: In ihnen meldet sich die Szene ungefiltert zu Wort. Qualitativ hochwertige Videos aus dem deutschsprachigen Raum – und darüber hinaus - gibt es auf woozybmx.com und freedombmx.de, dem Onlineportal der Zeitschrift freedombmx, zu sehen. *Woozybmx* wird seit 2004 von Dominik Wrobel aus Köln betrieben. Er ist ein erfahrener Videofilmer, der schon seit Jahren Filme für BMX-Firmen produziert. Nicht weniger interessant ist das Videoportal soulbmx.tv aus München. Es wird von Harald Wagner und Thomas Stellwag betrieben und ist aus dem Videomagazin *Soul BMX* hervorgegangen. Hier findet man nicht nur Videos aus aller Welt, sondern auch ein riesiges Archiv mit Clips aus den alten *Soul* Ausgaben. Wer sich für die Geschichte von BMX interessiert, kann hier stundenlang stöbern und findet so manches Juwel.

Unter den BMX-Newsseiten sticht fatbmx.com hervor, eine Seite aus Holland, die mehrmals am Tag geupdatet wird, um die Szene mit den aktuellsten Neuigkeiten zu versorgen. Die Seite ist aus dem *Fat Zine* hervorgegangen, das 1987 von Bart de Jong gegründet wurde. Aus dem kopierten Zine hat sich mittlerweile das größte BMX-Online-Magazin Europas mit News aus der ganzen Welt entwickelt. Speziell an Flatlander wendet sich die Seite global-flat.com, auf der man viele interessante Flatland-Videos und sogar ein deutsches Forum findet. Apropos Forum: Das wichtigste deutschsprachige Forum für Rampen- und Streetfahrer ist bmxboard.de.

Die heutige BMX-Medienlandschaft ist unglaublich groß und vielfältig und für jeden Geschmack ist etwas dabei. Dank der technischen Entwicklung ist es außerdem einfacher denn je, selber Inhalte zu produzieren und sie mit anderen zu teilen. Man darf gespannt sein, was uns die Zukunft bringen wird. Bis es soweit ist, sollte man aber nicht nur vor dem Computer sitzen, sondern selber möglichst viel BMX fahren!

1	2	3	4	9	10	11	12
5	6	7	8	13	14	15	16

// S. 50: 1-8 - Magazine erlebten bis Ende der neunziger Jahre einen enormen Boom und waren für die damalige Zeit das beste Mittel, um BMX zu verbreiten

// S. 51: 9-16 - Zines waren die Webblogs der achtziger Jahre

// S. 53: Alle Cover des freedombmx Magazin von 1993 bis 2009

STAY
HOME.
READ A
MAGA
ZINE.

BMX-TECHNIK

EIN FAHRRAD MIT VIEL ZU KLEINEN RÄDERN, EINEM SELTSAM GESCHWUNGENEN
LENKER UND KOMISCHEN STANGEN

WETHEPEOPLE

„Das ist aber ein kleines Fahrrad!"

Welcher BMXer kennt diesen Spruch nicht? Allzu oft bekommt man ihn nachgerufen, wenn man mit einem BMX-Rad unterwegs ist. Das ist nicht verwunderlich, denn was sieht der Laie? Ein Fahrrad mit viel zu kleinen Rädern, einem seltsam geschwungenen Lenker und komischen Stangen, die an der Seite herausragen. Woher soll Ottonormalverbraucher wissen, dass sich ein solches Gefährt ganz hervorragend dazu eignet, um damit Tricks zu machen? Wer sich aber ein wenig näher mit diesen charakteristischen Merkmalen eines BMX-Rades beschäftigt, wird schnell hinter ihren Sinn und Zweck kommen. Schauen wir doch mal, was es mit ihnen auf sich hat:

Rahmen

Ein BMX-Rahmen besteht aus folgenden Rohren: Steuerkopfrohr (*head tube*), Oberrohr (*top tube*), Unterrohr (*down tube*), Sattelrohr (*seat tube*), Sattelstreben (*seat stays*) und Kettenstreben (*chain stays*). Hinzu kommen noch das Tretlager (*bottom bracket*), Querverstrebungen (*bridges*), die Ausfallenden (*dropouts*) und Stützbleche (*gussets*).

BMX-Rahmen lassen sich grob danach unterscheiden, ob sie für Flatland geeignet sind oder nicht. Flatlandrahmen zeichnen sich vor allem durch eine kurze Oberrohrlänge aus (19 Zoll oder weniger). Außerdem sind ihre Rahmenrohre meist gebogen, um den Fahrer möglichst viel Platz für seine Tricks zu bieten. Street- und Rampenrahmen haben hingegen ein längeres Oberrohr (20 Zoll und höher) und gerade Rohre. Generell gilt, dass für junge und kleine Fahrer eher ein Rahmen mit einem kurzen Oberrohr geeignet ist. Streetfahrer bevorzugen Rahmen mit kurzen Ketten- und Sattelstreben, weil sich mit einem kurzen Hinterbau das Rad leichter drehen lässt. Ein steiler Steuerkopfwinkel hilft indes bei Vorderradtricks. Das Tretlager gibt es in verschiedenen Größen, die je nach Anbieter variieren. Am meisten verbreitet ist das sogenannte *Mid Size*-Tretlager, bei dem das Lager ohne Lagerschale in den Rahmen gedrückt wird. Ähnlich verhält es sich bei den Steuersätzen. Hier setzt sich immer mehr der integrierte Steuersatz durch, der ohne Lagerschalen in das Steuerkopfrohr gedrückt wird. Die Ausfallenden sind meist 4 mm dick und verfügen über eine 14 mm breite Nut.

Die Qualität eines BMX-Rahmens hängt davon ab, welcher Stahl verbaut wurde. Ein hochwertiger Rahmen besteht komplett aus 4130 Chromoly Stahl. Durch Wärmebehandlung (*heat-treatment*) kann das Chromoly gehärtet und dadurch seine Haltbarkeit erhöht werden. Viele Highend-Rahmen werden außerdem „gebuttet", haben also Rohre mit unterschiedlicher Wandstärke. Diese Herstellungstechnik hat den Vorteil, dass an Stellen mit geringer Belastung Material eingespart werden kann, wodurch der Rahmen leichter wird. Bei preiswerten Rahmen sind meist nur Ober- und Unterrohr aus Chromoly, während der Hinterbau aus dem weicheren Hi-Ten Stahl gefertigt ist. Im unteren Preissegment bestehen die Rahmen oft komplett aus diesem Material.

MANKIND
Archangel
Archangel
Mankind Bike Co.

Gabel

Die Gabeln der verschiedenen Hersteller unterscheiden sich nur minimal in ihrer Geometrie. Es gibt Gabeln mit viel und wenig Vorlauf (*offset*). Eine Gabel mit viel Vorlauf sorgt für ein ruhiges Lenkverhalten und wird daher von Dirt- und Vertfahrern bevorzugt. Gabeln mit wenig Offset reagieren schneller auf Gewichtsverlagerungen und werden deshalb gerne von Flatland- und Streetfahrern gefahren.

Hochwertige Gabeln werden natürlich – genau wie Rahmen - aus 4130 Chromoly gefertigt, preiswerte Gabeln hingegen aus Hi-Ten Stahl. Es empfiehlt sich bei einer Gabel nicht zu sparen, denn sie wird hohen Belastungen ausgesetzt und kann schnell verbiegen.

Eine gute BMX-Gabel hat oftmals verjüngte Gabelholme und ist dadurch leichter als herkömmliche Gabeln. Die Ausfallenden nehmen eine 10-Millimeter-Achse auf, die bei normaler Verwendung ausreichend stabil ist. Wer eine Vorderradbremse fährt, steckt sie durch das Gabelrohr und führt sie von unten an die Bremse heran.

// v. l. n. r.:
Allroundbike mit Rotor und Vorderradbremse bei dem das Bremskabel durch die Gabel geführt ist

Streetgabel mit viel Vorlauf

Flatlandgabel mit keinem (zero) Vorlauf

Rotor

Das vielleicht prägnanteste Merkmal eines BMX-Rades ist der sogenannte Rotor. Er erlaubt durch eine besondere Kabelführung, den Lenker so oft zu drehen wie man möchte. Zwar fahren längst nicht alle BMXer einen Rotor und auch an vielen Kompletträdern findet man ihn nicht mehr, aber kein anderes Teil hat so viele BMX-Tricks erst möglich gemacht, wie diese Erfindung des Amerikaners Brian Scura.

Die Funktionsweise eines Rotors ist eigentlich ganz einfach, leider aber nur schwer in Worte zu fassen. Versuchen wir es trotzdem! Sein Herzstück ist ein zweiteiliges, kugelgelagertes Metallstück – der eigentliche Rotor -, das zwischen Vorbau und obere Steuersatzschale montiert wird. Ober- und unterhalb dieses Metallstücks werden die Bremskabelaufhängungen angebracht. Das hintere Bremskabel ist in einen oberen und einen unteren Teil gesplittet, deren Enden zum Rotor führen, der die Zugkraft überträgt.

Der Bremszug für die Hinterradbremse führt vom Bremshebel weg zu einem „Verteiler", wo das Kabel in zwei Teile aufgespaltet wird. Diese beiden Zugteile werden nun kurz unter dem Vorbau an die erste der insgesamt vier Rotorpfannen geleitet. An der ersten Pfanne werden lediglich die Zughülsen fixiert, während die eigentlichen Bremskabel bis zur zweiten Pfanne weiterlaufen, wo sie eingehakt werden. Die zweite und dritte Pfanne sind miteinander verbunden und dank einer Kugellagerung können sie sich zwar unabhängig voneinander in der Horizontalen drehen, aber nur einheitlich in der Vertikalen bewegt werden.

Von der dritten Pfanne weg, hin zur vierten Pfanne, laufen zwei neue Züge für die Hinterbremse. Diese werden zwischen Rotor und Hinterbremse durch einen weiteren Verteiler wieder vereint, welcher dann die Kraft vom Bremshebel an die Bremse weitergeben kann. Wenn man nun den Lenker dreht, folgen erste und zweite Pfanne der Lenkerbewegung, während die dritte und vierte Pfanne ihre Position nie verändern und so die Zugkraft der oberen Züge in jeder Lenkerposition an die unteren Züge weitergeben werden kann.

Es gibt übrigens mittlerweile die verschiedensten Hersteller, die bei ihren Produkten auf den Bremszugverteiler am oberen und unteren Kabel verzichten und durchgängig vom Bremshebel, über den Rotor bis zur Bremse mit doppelten Kabelzügen arbeiten.

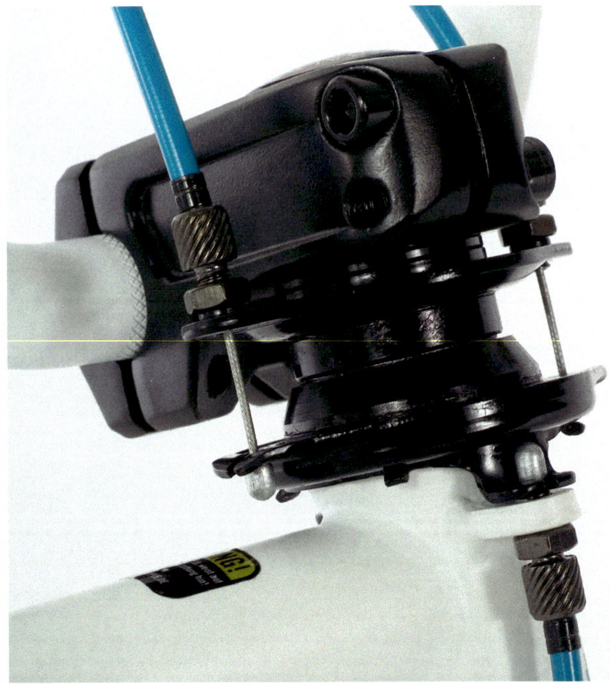

ARCADE
SALT

U-Brake

Die im BMX-Freestyle am weitesten verbreitete Bremse ist die sogenannte U-Brake. Sie funktioniert einwandfrei in Verbindung mit einem Rotor und ist wenig störungsanfällig. Die U-Brake wird an den dafür vorgesehenen Sockeln am Rahmen oder an der Gabel montiert. Die Bremssockel am Rahmen befinden sich je nach Hersteller an den Ketten- oder Sattelstreben.

Wer ein kleines Kettenblatt montieren möchte, ist in den meisten Fällen gut beraten, einen Rahmen zu fahren, dessen Bremssockel sich an den Sattelstreben befinden, da die Bremse dann nicht so leicht mit der Kette in Kontakt kommt. Bei Rahmen mit den Bremssockeln auf den Kettenstreben kann es vorkommen, dass die Kette auf die Bremse schlägt und klappert.

Ob ein, zwei oder gar keine Bremsen am Rad montiert werden, hängt ganz und gar von den Vorlieben und Interessen des Fahrers ab. Während Dirt- und Streeträder beinahe ausnahmslos ohne Vorderradbremse gefahren werden, gibt es immer noch einige Rampenfahrer, die nicht auf eine Vielzahl von Tricks verzichten wollen, die mit einer solchen Bremse möglich werden. Gerade im Streetbereich trifft man hingegen auf viele Fahrer, die komplett auf Bremsen verzichten. Im Flatland befindet sich die Hinterradbremse auf dem Rückzug.

// Foto rechts: U-Brake an der Gabel, bei der das Bremskabel durch den Gabelschaft zum Bremshebel läuft.
// S. 63 - U-Brake an den hinteren Sattelstreben

Montage-Tipp:
Beim Einstellen der Bremse ist darauf zu achten, dass die Bremsklötze immer mit der ganzen Bremsfläche und vor allem mit dem vorderen Ende zuerst auf die Felge drücken. Wird dies nicht beachtet, kann es leicht passieren, dass die Bremse nicht nur schlecht zieht, sondern auch unangenehm quietscht. Da hilft es dann auch nichts, die Felge zu säubern oder mit Cola einzureiben.

Um die Bremsklötze richtig auszurichten, müssen die Unterlegscheiben an den Bremsarmen in die entsprechende Position gebracht werden. Für die größtmögliche Bremswirkung muss außerdem die Spannung der Rotorkabel richtig eingestellt werden. Dies geschieht durch das Heraus- und Hineindrehen der Stellschrauben an den Kabelaufhängungen. Sowohl die oberen als auch die unteren Zügen müssen gleichmäßig laufen.

SALT

Lenker

Die Lenkerposition und Größe beeinflusst sehr stark das Fahrverhalten eines BMX-Rades. Da jeder Fahrer ein anderes Fahrverhalten bevorzugt, gibt es auf dem BMX-Markt eine unübersichtliche Anzahl verschiedener Lenker. Wer mit dem BMX-Fahren anfängt, sollte ruhig unterschiedliche Lenkerpositionen ausprobieren, um für sich die perfekte Einstellung zu finden. Dabei aber bitte nicht übertreiben! Wenn man davon ausgeht, dass der Lenker in der Grundeinstellung parallel zum Gabelschaft steht, reicht es schon, ihn um nur wenige Grad zu verschieben, um ein vollkommen anderes Fahrgefühl zu erreichen. Zuviel des Guten erschwert dagegen die meisten Tricks nur unnötig.
Die Höhe eines durchschnittlichen BMX-Lenkers hat sich heute bei 8 Zoll (20,32 cm) eingependelt. Insgesamt ist eine Entwicklung zu immer höheren Lenker zu beobachten. Jüngere und kleinere Fahrer sollten sich davon nicht beeinflussen lassen. Für sie ist ein Lenker zwischen 7,5 und 8 Zoll genau richtig. Viele Lenker sind außerdem sehr breit, weshalb so mancher BMXer die Metallsäge ansetzt, um ihn um ein bis zwei Zentimeter zu kürzen. Als Faustregel gilt: Wenn man aufrecht auf dem Rad steht und mit ausgestreckt Armen die Griffe umfasst, sollte der Lenker mindestens so breit sein, dass die Arme dabei parallel zueinander sind.

Wichtig für die Lenkergeometrie sind der sogenannte *back-* und *upsweep*. Unter Backsweep versteht man den Winkel, in dem die Lenkerenden nach hinten gebogen sind. Die meisten Lenker haben einen Backsweep zwischen 10 und 12 Grad. Unter Upsweep versteht man hingegen jenen Winkel, in dem die Lenkerenden nach oben gebogen sind. Hier bewegen sich die Werte zwischen 1 und 3 Grad. Jeder Fahrer muss selbst entscheiden, welche Winkel sich für ihn am angenehmsten anfühlen. Generell gilt jedoch, dass Flatlandlenker eher wenig oder keinen Back- und Upsweep haben.

Lenker werden außerdem danach unterschieden, ob sie zwei- oder vierteilig sind. Unterschiede im Fahrverhalten gibt es zwischen diesen Varianten nicht. Wofür man sich entscheidet, ist – wie so oft - reine Geschmackssache. Zu erwähnen sei noch, dass Flatlandlenker meist eine tiefe Querstrebe haben, damit diese während dem Umsteigen bei Tricks nicht im Weg ist.

// Flatlandlenker haben oft eine tiefe Querstrebe
// S. 64 - Rampenlenker sind breit und hoch

Sättel

In jüngster Zeit sind BMX-Sättel immer kleiner geworden. Das ist nicht weiter schlimm, denn der Sattel dient beim BMX-Rad in den seltensten Fällen dazu, um darauf zu sitzen. Außerdem werden die Sattelstangen fast komplett in den Rahmen geschoben, sodass der Sattel nahezu auf dem Rahmen aufliegt.

Natürlich bleibt es auch hier jedem selbst überlassen, ob er bei diesem Trend mitmacht oder nicht. Es gibt Sättel mit und ohne Polsterung, wobei gepolsterte Sättel weniger aufgrund des Sitzkomforts gefahren werden, als vielmehr, um sie während eines Tricks besser „klemmen" oder greifen zu können.

Viele Sättel werden heutzutage mit dem Pivotal-System angeboten. Dieses System ermöglicht es, auf konventionelle Sattelkloben zu verzichten, da der Sattel direkt mit der Sattelstange verschraubt wird. Eine neue Entwicklung sind die Sattel-Sattelstangen-Kombinationen. Dabei handelt es sich um einen Sattel, der über eine integrierte Sattelstange verfügt. Dies spart Gewicht und erübrigt die Sattelmontage.

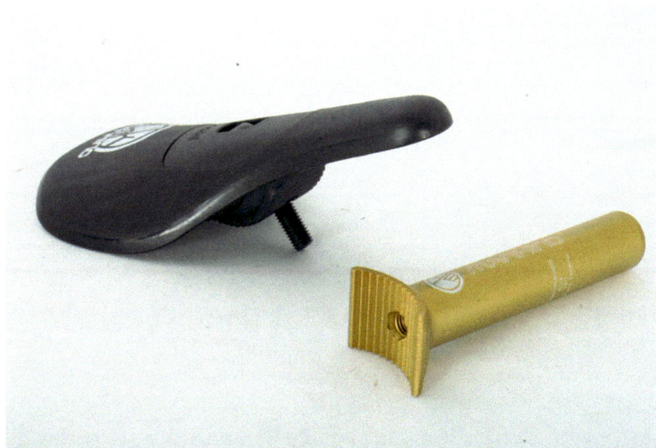

// Ein Pivotal-System benötigt keine Sattelkloben

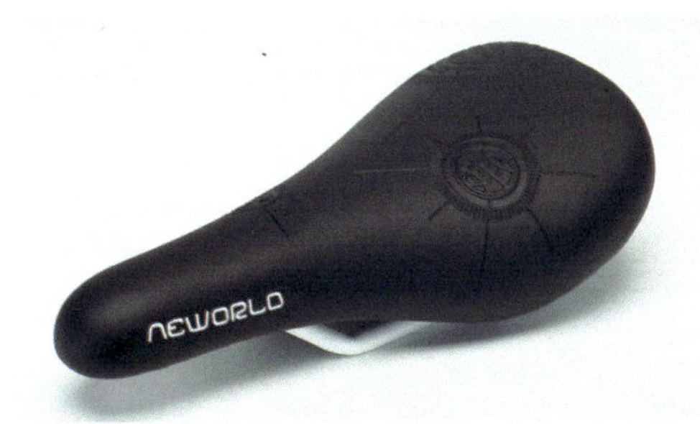

// Ein gepolsterter Sattel bietet mehr Komfort

// Viele Sättel heutzutage sind extrem leicht

Pegs

Die Ausführung zahlloser Tricks ist ohne die sogenannten Pegs nicht möglich. Pegs sind Verlängerungsstangen, die auf die Achsen gesteckt und von innen mit einer Mutter fixiert werden. Sie werden aus Aluminium oder Stahl angeboten und je nach Disziplin unterschiedlich genutzt. Während fast alle Flatlander auf vier Pegs schwören, haben die meisten Park- und Streetfahrer nur zwei davon am Rad. Dies liegt daran, dass man in diesen Disziplinen meist nur auf einer Seite „grindet" (rutschen auf Kanten oder Geländern). Besonders für Anfänger kann es sinnvoll sein, sich auf zwei Pegs zu beschränken, um ein wenig Gewicht zu sparen. Auch unter Park- und Streetfahrern gibt es jedoch einige, die vier Pegs fahren. Nur dadurch haben sie die Möglichkeit, ihre Tricks auf beide Seiten zu machen. Reine Dirt- und einige Halfpipefahrer, die sich ausschließlich auf Sprungtricks konzentrieren, verzichten oft ganz auf Pegs – nicht zuletzt, um das Verletzungsrisiko bei einem Sturz auf das Fahrrad zu minimieren.

Flatlandpegs werden nicht selten mit sogenanntem *Griptape* umwickelt. Griptape kommt aus dem Skateboarding. Es handelt sich dabei um eine Art Schmirgelpapier, dass auf das Skateboard geklebt wird, um dessen Standfläche griffiger zu machen. Denselben Zweck erfüllt es auf Pegs. Flatlandpegs sind außerdem ein wenig dicker als Street- oder Parkpegs, damit man besser auf ihnen stehen kann.

Aluminiumpegs sind leichter als Pegs aus Stahl. Allerdings grinden sie nicht besonders gut und nutzen sich auf rauen Oberflächen schnell ab. Aus diesen Gründen schwören gerade viele Streetfahrer auf Stahlpegs. Es gibt aber auch Pegs mit einem Aluminiumkern und einer Stahlummantelung.

// Stahlpegs zum grinden

// Aluminium-Flatlandpegs mit Griptape

Antrieb

Im BMX-Bereich konnten sich im vergangenen Jahrzehnt Kassettennaben durchsetzen, bei denen der Freilaufmechanismus im Nabenkörper und nicht unter den Zähnen des Ritzels sitzt, wie es bei herkömmlichen Freilaufnaben der Fall ist. Kassettennaben haben den Vorteil, dass man mit ihnen extrem kleine Ritzel fahren kann.

Gerade im Flatland-, aber auch im Streetbereich kommen zudem häufig sogenannte *Freecoaster* zum Einsatz. Ein Freecoaster ist eine Hinterradnabe, deren Ritzel sich beim Rückwärtsfahren nicht mitdreht. Der Vorteil daran ist, dass man bei rückwärts gerollten Tricks nicht mittreten muss. Freecoaster sind allerdings schwerer als Kassettennaben und haben meist einen sogenannten *Slack*. Mit Slack wird der Umstand bezeichnet, dass das Ritzel beim Antritt nicht sofort greift und man deshalb ein wenig nach vorne durchtritt, bevor der Free-coastermechanismus einrastet. Egal ob Kassetten- oder Freecoaster-nabe, fast alle Street- und Rampenfahrer verwenden hinten eine gehärtete 14-Millimeter-Achse.

Die Standardübersetzung eines modernen BMX-Rades liegt bei 25/9, was bedeutet, dass ein 25-Zähne-Kettenblatt und ein 9-Zähne-Ritzel zum Einsatz kommen. Man sollte sich darüber im Klaren sein, dass das Verhältnis der Zähne zwischen Kettenblatt und Ritzel immer ungefähr gleich sein sollte. Es macht wenig Sinn, sich vorne ein 25-Zähne-Kettenblatt zu zulegen, wenn die Hinterradnabe ein 12-Zähne-Ritzel hat – es sei denn, man möchte erreichen, dass die Übersetzung leichtgängig wird.

Der Antrieb erfolgt entweder mit einer normalen Kette oder einer sogenannten „Halflinkkette". Die Halflinkkette besteht komplett aus halben Kettengliedern, die nach einem speziellen Patent vernietet werden. Sie hat den Vorteil, dass sie sich besser als herkömmliche Ketten um kleine Ritzel dreht. Außerdem kann mit Halflinkketten die Kettenlänge in kleineren Schritten verkürzt oder verlängert werden. Wem eine Halflinkkette zu teuer ist, der kann auch ein spezielles Halflinkkettenglied in eine normale Kette einbauen, um denselben Effekt zu erzielen. Diese Spezialglieder sind im gut sortierten Fachhandel erhältlich.

// Die Kassettennaben haben sich durchgesetzt
// Foto rechts: Eine 25/9 Übersetzung mit der U-Brake an den Sattelstreben

SALT

Vorbauten

BMX-Vorbauten gibt es als *Top*- oder *Frontloader*. Bei Toploadervorbauten wird der Lenker von oben geklemmt, bei Frontloadervorbauten von vorne. Toploadervorbauten haben den Vorteil, dass bei ihnen der Lenker höher sitzt. Vorbauten gibt es außerdem in verschiedenen Längen (*Reach*). Halfpipe- und Dirtfahrer bevorzugen lange Vorbauten (48 mm Reach und länger), für Flatland eignen sich hingegen besonders kurze Vorbauten (30 mm Reach und weniger). Manche Vorbauten sind zudem von innen hohl, um Gewicht zu sparen.

Montage-Tipp:
Bei der Vorbau-Montage ist es wichtig, darauf zu achten, ob metrische oder zöllige Schrauben verbaut wurden. Leider haben sich die Hersteller in diesem Bereich bis heute auf kein einheitliches Maß festlegen können. Deshalb immer vorher kontrollieren, ob der Inbusschlüssel wirklich genau passt, bevor man zu schrauben anfängt. Ist dies nicht der Fall, kann es leicht passieren, dass der Schraubenkopf rund gedreht wird. Außerdem sollten die Klemmschrauben immer über Kreuz festgezogen werden, damit am Ende die Vorbauplatte gleichmäßig klemmt.

Kurbeln

Es gibt zwei- und dreiteilige BMX-Kurbeln. Zweiteilige Kurbeln sind etwas leichter, aber auch nicht so stabil, weshalb die meisten Fahrer lieber auf dreiteilige Modelle zurückgreifen. Eine herkömmliche BMX-Kurbel hat eine Kurbelarmlänge von 175 bis 180 mm. Flatlander verwenden oft spezielle Flatlandkurbeln mit einer Armlänge von 165 mm. Die Pedalbuchsen haben bei allen Kurbeln ein 9/16-Gewinde.

Felgen

BMX-Felgen sind hohen Belastungen ausgesetzt, denn immer wieder kommt es vor, dass sie gerade beim Street- oder Rampefahren gegen eine Kante stoßen. Beim Kauf einer Felge sollte man daher darauf achten, dass diese mindestens eine Doppelhohlkammer hat. Man kann außerdem zwischen 36- und 48-Loch-Felgen wählen. 36-Loch-Felgen haben 36 Speichen und sind etwas leichter, dafür aber auch weniger stabil als eine 48-Loch-Felge. Gerade Fahranfängern ist es daher zu empfehlen, weniger auf das Gewicht zu achten und sich zumindest beim Hinterrad für eine 48-Loch-Felge zu entscheiden, da diese unempfindlicher ist und eine unsaubere Fahrweise besser verzeiht. Es gibt hingegen kaum noch BMX-Fahrer – weder Anfänger noch Profis – die ein Vorderrad mit 48 Speichen fahren. Um die Speichen beim Grinden zu schützen, können Speichenschützer (*hub guards*) montiert werden.

Reifen

BMX-Reifen gibt es in verschiedenen Größen und mit unterschiedlichen Profilen. Generell kann man sagen, dass dicke Reifen (Größe 20 x 1.0 und höher) eher vorne, dünne Reifen eher hinten gefahren werden. Grobstollige Reifen eignen sich gut zum Dirtfahren, denn sie gewährleisten auch auf weichem Untergrund optimalen Griff. Reifen mit wenig Profil werden hingegen für Flatland, Street, Park und Vert gleichermaßen eingesetzt, wobei sich Flatlander meistens für schmale Reifen begeistern. Die sogenannten Faltreifen aus Kevlar sind eine gute Möglichkeit, etwas Gewicht zu sparen, denn sie sind leichter, aber auch um einiges teurer als die lange Zeit gängigen Drahtreifen.

Der Reifendruck eines BMX-Reifens sollte mindestens 3,5 bis 4 bar betragen. Nur so können Durchschläge verhindert werden. Preiswerte Reifen sollten auf keinen Fall stärker aufgepumpt werden, da sie dann platzen können. Der vom Hersteller empfohlene Reifendruck steht bei allen Reifen auf der Seitenwand. Rampenfahrer fahren meist einen Reifendruck von 5 bis 6 bar, damit der Mantel sich nicht verschiebt, wenn er in die Rundung gedrückt wird. Dirt- und Streetfahrer pumpen ihre Reifen weniger stark auf, da sie oft aus großer Höhe landen und der Reifen dabei helfen soll, den Aufprall abzufedern. Flatlandfahrer bevorzugen einen hohen Reifendruck (7 bar und höher), denn er lässt den Mantel ruhiger rollen.

Wer sein Rad leichter machen möchte, sollte bei den Reifen und Felgen anfangen. Die Verwendung von Faltreifen und 36-Loch-Felgen spart schon allein aufgrund der Rotationskraft mehr Gewicht als eine Kurbelachse aus Titan oder Plastikpedale.

// Eine 36-Speichen-Felge mit einem Allround-Reifen

Leichtbau

Ein durchschnittliches BMX-Rad wiegt zwischen 10 und 13 kg. Durch das Austauschen von Anbauteilen ist es möglich, das Gewicht eines BMX-Rades auf unter 10 kg zu drücken. Sicher hat ein leichtes Rad viele Vorteile, aber natürlich hat der Leichtbau auch seine Schattenseiten: Schnell bleibt nämlich - neben einem angenehmen Fahrverhalten - die Stabilität des Rades auf der Strecke. Schwere Stürze aufgrund von Rahmen-, Gabel- oder anderen Materialbrüchen können die Folge sein.

In letzter Zeit werden von fast allen BMX-Firmen Anbauteile aus Plastik angeboten. So gibt es mittlerweile Sattel-Sattelstangen-Kombinationen, Lenkerenden, Pedalen und sogar Pegs aus einem speziellen Kunststoff. Durch diese Teile kann effizient Gewicht eingespart werden, ohne an wesentlichen Stellen die Stabilität zu vernachlässigen. Es sei jedoch darauf hingewiesen, dass Plastikteile häufig eine geringere Lebensdauer haben als ihre Pendants aus Metall.

Die Entwicklung des Leichtbaus steht noch am Anfang und wird in Zukunft sicher noch weiter vorangetrieben werden. Leichte Räder ermöglichen es gerade jüngeren Fahrern, trotz ihrer geringen Körperkraft, schwierige Tricks zu lernen, für deren Perfektion man vor zehn Jahren noch ein ausgewachsener Mann sein musste. Man sollte aber auch nicht vergessen, dass viele der Tricks, die heute gemacht werden, vor vielen Jahren auf BMX-Rädern erfunden wurden, die mitunter weit über 15 kg wogen. Mit anderen Worten: ein leichtes Fahrrad ersetzt weder fehlendes Talent noch Kreativität oder Training.

// S. 74 - Streetbike
// S. 75 - Flatlandbike

SCHUTZAUSRÜSTUNG

VIELE VERLETZUNGEN SIND VERMEIDBAR MIT EINER GUTEN SCHUTZAUSRÜSTUNG

VANS

BMX ist ein Sport ohne Vorschriften und Regeln. Deshalb kann auch jeder Fahrer selber entscheiden, wie viel oder was für Schutzkleidung er tragen möchte. Doch gerade beim Üben von neuen Tricks sind Blessuren und Verletzungen nicht auszuschließen. Deshalb ist es nicht für Anfänger wichtig, immer genügend Schutzausrüstung zu tragen. Nichts ist blöder als sich wegen fehlender Schoner zu verletzen. Auf vielen BMX-Anlagen ist das Tragen von Schonern und Helm daher auch Pflicht.

Helm

Der Helm ist der wichtigste Teil der BMX-Schutzausrüstung, denn er schützt vor gefährlichen Kopfverletzungen. Ein vernünftiger BMX-Helm hat eine CE-Kennzeichnung (CE = Communautés Européennes = Europäische Gemeinschaft). Diese Kennzeichnung garantiert, dass das Produkt die Anforderungen der entsprechenden EU-Richtlinien erfüllt. Die meisten BMXer bevorzugen Halbschalenhelme, die nach vorne offen sind. Man unterscheidet bei ihnen zwischen Weich- und Hartschalenhelmen. Weichschalenhelme sind ausschließlich für Wassersportarten geeignet, erfreuten sich aber leider dennoch eine Zeit lang in der BMX-Szene großer Beliebtheit. Vom Kauf eines solchen Helmes ist auf jeden Fall abzuraten, da seine weiche Schale lediglich vor Schürf- und Platzwunden schützt. Einen umfangreicheren Schutz vor Kopfverletzungen bieten die dickwandigeren Hartschalenhelme, die in jedem guten BMX-Geschäft erhältlich sind. Größtmögliche Sicherheit gewährleisten die sogenannten „Fullfacehelme“ (englisch: Integralhelm). Sie schützen nicht nur Stirn und Hinterkopf, sondern dank Visier und Mundpartie auch das Gesicht des Fahrers.

// Foto rechts: Max Heidböhmer

Ellbogenschoner

Ellbogenschoner gibt es in unterschiedlichen Ausführungen. Sie können je nach Bedarf und Sturzverhalten nur links oder rechts getragen werden. Viele Fahrer verzichten auf Ellbogenschoner, da Verletzungen an den Armen eher die Ausnahme sind. Wie jeder weiß, bestätigen jedoch Ausnahmen die Regel. Deshalb sollte sich niemand davor scheuen, mit Ellbogenschonern zu fahren.

Schienbeinschoner

Schienbeinschoner schützen beim Abrutschen von den Pedalen vor unangenehmen und mitunter sehr schmerzhaften Schnittwunden am Schienbein. Sie werden daher gerne von den meisten BMXern getragen.

Handschuhe

Handschuhe verhindern nicht nur das Abrutschen von den Griffen, sondern auch Schürf- und Schnittwunden an den Händen. Bei vielen Stürzen werden diese intuitiv nach vorne gestreckt, um die Wucht des Aufpralls abzufangen oder den Kopf zu schützen. Insofern ist auch das Tragen von BMX-Handschuhen weit verbreitet.

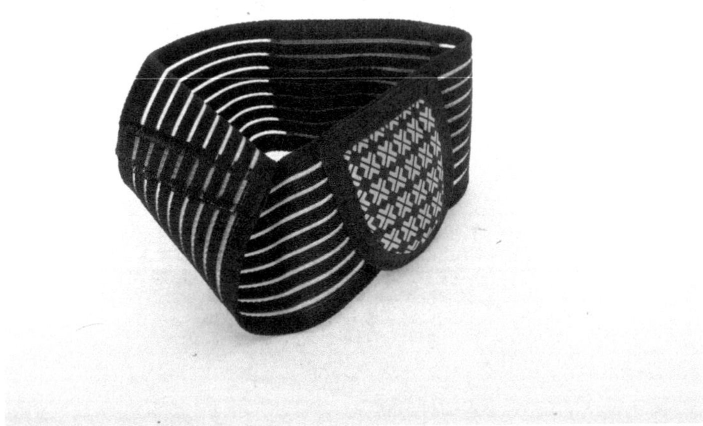

Knöchelschoner

Manche Fahrer neigen dazu, bei harten Landungen oder Tailwhip-Tricks mit dem Knöchel an den Kurbelarm zu schlagen. Deshalb gibt es mittlerweile spezielle Knöchelschoner, die an der Innenseite gepolstert sind. Schuhe mit griffiger Sohle verhindern das Abrutschen von den Pedalen. Eine gute Dämpfung des Fußbettes kann vor Fersenprellungen und anderen Fußverletzungen schützen.

Knieschoner

Ein weiteres wichtiges Element der Schutzausrüstung sind die Knieschoner. In der Vergangenheit waren Hartkappenschoner sehr beliebt, die meistens über der Hose getragen wurden. Dank der frontal angebrachten Plastikkappen ist es mit diesen Schonern möglich, sich während eines Sturzes auf die Knie fallen zu lassen und auf diesen rutschend, die Wucht des Aufpralls abzufangen. Mittlerweile haben sich jedoch kleinere, weichere Schoner durchgesetzt, die unter der Hose getragen werden. Diese sogenannten Unterziehschoner schränken aufgrund ihrer geringen Größe die Bewegungsfreiheit kaum ein und schützen trotzdem ausreichend vor Stößen und Schlägen. Das Ausrutschen von Stürzen ist mit ihnen allerdings nicht möglich.

BMX kennt keine Regeln

Es ist jedem Fahrer selber überlassen, seinen persönlichen Anforderungen und dem individuellen Sturzverhalten entsprechend, eine Schutzausrüstung zusammenzustellen. Dazu gehört aber immer mindestens ein Helm, denn mit Kopfverletzungen ist nicht zu spaßen! Anfänger sollten sich nicht davon abschrecken lassen, dass sich die Schoner am Anfang vielleicht ungewohnt anfühlen. Wenn die Schutzkleidung in der passenden Größe vorliegt, wird man sich innerhalb kürzester Zeit daran gewöhnt haben und muss dann hoffentlich nur selten seinen Kumpels von der Reservebank aus beim Fahren zusehen.

BMX-TRICKS

WICHTIGE TIPPS FÜR DIE ERSTEN TRICKS...

Bevor es mit den Trickerklärungen losgeht, sind ein paar Worte darüber zu verlieren, worauf man beim BMX-Fahren achten muss. Die folgenden Tipps und Hinweise sollen besonders Fahranfängern dabei helfen, Fehler zu vermeiden und möglichst viel Spaß auf ihrem Rad zu haben. Aber auch Fortgeschrittene finden vielleicht die ein oder andere hilfreiche Anregung, um ihre Technik zu verbessern.

Es kann nicht oft genug betont werden, dass BMX ein Sport ohne feste Regeln ist - BMX-Freestyle eben. Freestyle bedeutet „Freistil", also fahren wie und wo man möchte. Jedem Fahrer ist es selbst überlassen, was er mit seinem Rad anstellt und für die einzelnen Tricks gibt es – zum Glück- kein allgemeingültiges Regelwerk, in dem festlegt ist, wie diese auszuführen sind. BMX lebt von der Kreativität der Fahrer. Wäre dies nicht so, gäbe es heute kaum ein so große Anzahl toller und atemberaubender Tricks.

Wenn nun auf den folgenden Seiten ein Fahrer einen Trick nach links dreht oder mit dem rechten Fuß auf dem Peg steht, dann heißt das nicht, dass dieser Trick nur so und nicht anders funktioniert. Beim BMX-Fahren gibt es keine „richtige" Drehrichtung und erst recht keine „richtige" Fußstellung. Manche Fahrergrinden lieber auf der rechten Seite, andere bevorzugen die linke. Der eine dreht sich mit dem Uhrzeigersinn, der nächste lieber andersrum. Die abgebildeten Tricksequenzen bilden nur beispielhaft ab, wie ein Trick ausgeführt werden kann.

Die wenigsten BMX-Fahrer werden alle Tricks aus diesem Buch eins zu eins nachmachen können. Wie ein Trick am besten funktioniert, muss jeder für sich selbst herausfinden. Wenn eine Bewegung erst einmal in Fleisch und Blut übergegangen ist, dann kann man immer noch versuchen, sie auch andersrum (*opposite*) zu machen. Es ist sogar sinnvoll, möglichst viele Tricks in beide Richtungen zu lernen. Dadurch wird nicht nur das eigene Können vielfältiger, sondern es ergeben sich auch viele interessante Kombinationsmöglichkeiten. Aber so weit sind wir noch gar nicht. Also noch mal zurück auf Start!

Wer zum ersten Mal auf ein BMX-Rad steigt, merkt ganz von alleine, mit welchem Fuß er sicherer auf dem Peg steht oder in welche Richtung sich eine Drehung gut anfühlt. Das passiert ganz intuitiv und ist ungefähr so, wie jeder von uns auch weiß, mit welcher Hand er einen Stift greifen muss, um etwas zu Papier zu bringen. Genauso hat jeder Fahrer seine „Schokoladenseite". Um diese herauszu bekommen, gibt es einen einfachen Trick: Man probiert es einfach aus!

Dazu muss man nur normal Fahrrad fahren können und schon kann es losgehen. Wer zum Beispiel wissen möchte, wie herum er Tricks auf der Rampe macht, schnappt sich sein BMX-Rad und fährt auf eine Quarterpipe zu (das sind diese viertelkreisförmigen Rampen, die in jedem Skatepark stehen). Sobald man in die Rundung kommt, fährt man einfach eine Kurve – beim ersten Versuch links, dann rechts herum. Dafür braucht man die Rampe gar nicht ganz hoch zu fahren. Es genügt vollkommen, im unteren Drittel zu wenden, um herauszufinden, welche Seite sich besser anfühlt. Beim Grinden oder bei Flatlandtricks verhält es sich genauso. Wer beide Seiten ausprobiert, merkt sofort, was für ihn sinnvoll ist und wie er sich am sichersten auf seinem Rad fühlt.

Kein Anfänger sollte einfach sofort drauf losfahren und die wildesten Tricks ausprobieren. Ein BMX-Rad ist kein normales Fahrrad. Es reagiert ganz anders auf Lenkbewegungen und Verlagerungen des Körpergewichts. Daher ist es zunächst einmal wichtig, sich mit seinem BMX-Rad vertraut zu machen und ein Gefühl dafür zu entwickeln. Dazu gibt es ein paar einfache Übungen, wie zum Beispiel Kurven fahren, das Vorderradhochziehen, vom Bürgersteig springen und auf der Stelle balancieren. Außerdem sollte man sich damit vertraut machen, wie die Bremsen funktionieren. Diese werden mit der Hand betätigt, eine Rücktrittbremse gibt es nicht. Nur wer dies alles beherrscht, sollte sich an die ersten „richtigen“ Tricks wagen.

Die Grundposition bei allen BMX-Tricks ist das aufrechte Stehen über dem Rad. Die Kurbelarme sollten dabei waagerecht, also parallel zum Boden ausgerichtet sein. Die Arme sind leicht angewinkelt, der Oberkörper etwas nach vorne gebeugt. Im Sitzen oder mit herunterhängender Pedale fährt man höchstens zur Eisdiele. Außerdem ist es wichtig, eine gewisse Körperspannung aufzubauen, bevor es ans Eingemachte geht. Also volle Konzentration und die Muskeln in Armen und Beinen leicht anspannen.Besonders beim Springen und Rampefahren ist es wichtig, dass diese Körperspannung dazu genutzt wird, während der-Landung den Aufprall abzufedern.

Die richtige Körperspannung ist auch für das „Pushen“ wichtig. Bei dem Pushen handelt es sich um eine Technik, die dem Schaukeln ähnlich ist und dazu dient, die Geschwindigkeit aufrecht zu erhalten, ohne zu treten. Man kann dies sehr gut in einer Minirampe üben. Einfach hin und her fahren und versuchen – natürlich ohne zu treten – die Höhe zu halten. Dies erreicht man dadurch, dass man beim Hochfahren das Rad mit Armen und Beinen in die Rampe drückt, am höchsten Punkt den Körper aufrichtet und beim Runterfahren das Rad wieder runter drückt. Das ist eigentlich ganz einfach und kann auch ohne Vorkenntnisse leicht gelernt werden.

Verletzungen sind beim BMX-Fahren - wie bei jeder anderen Sportart auch - nie ganz auszuschließen. Es hat sich leider gezeigt, dass selbst bei einfachen Tricks und kleinen Sprüngen schwere Stürze passieren können. Damit nicht allzu viel passiert, sollte man immer Schutzkleidung tragen. Dazu gehört immer ein Helm!Manche Fahrer in diesem Buch tragen jedoch keinen Helm. Das ist natürlich unvernünftig von ihnen, aber sie sind durchweg langjährige Profis und deshalb in der Lage, das Risiko einzuschätzen. Selbst wenn die Versuchung groß sein sollte, es ihnen gleich zu tun, ist an dieser Stelle eindrücklich davor zu warnen, ohne volle Schutzkleidung aufs Rad zu steigen.

In den letzten Jahren hat sich in der BMX-Szene immer mehr das Fahren ohne Bremse durchgesetzt. Der sogenannte breakless style liegt voll im Trend und viele Fahrer haben sich die Bremsen abgebaut. Gebremst wird dann, indem ein Fuß zwischen Sattel und Sattelstreben am Hinterbau auf den Reifen gedrückt wird. Es spricht nichts dagegen, von Anfang an auf Bremsen zu verzichten. Praktisch jeder BMX-Trick kann ohne sie gelernt werden. Bremsenloses Fahren fördert das Radgefühl und kann sich positiv auf den Fahrfluss auswirken, hat aber auch einen Nachteil: man kann nicht so schnell anhalten.

Gerade Anfänger sollten sich daher überlegen, ob es wirklich sinnvoll ist, auf einer vollen Streetfläche ohne Bremse zu fahren. Oft fehlt ihnen einfach die Radkontrolle, um im Falle eines drohenden Zusammenstoßes, schnell genug den Fuß auf das Hinterrad zu bekommen. Die Folgen können äußerst schmerzvoll sein. Es macht einfach keinen Spaß, frontal mit einem anderen Fahrer zusammenzustoßen. Wer Pech hat, dem winkt eine Fahrt mit dem Krankenwagen. Aus diesem Grund ist in manchen Parks das Fahren mit Bremse sogar Pflicht.

Aber zurück zu den Tricks in diesem Buch! Wie schon erwähnt: Freestyle kennt keine Regeln. Bei all den Tricks, die jetzt folgen, sind unzählige Variationen und Kombinationen möglich. Wer den 360 beherrscht, kann als nächstes versuchen, während der Drehung eine Hand oder einen Fuß zu lösen. Wer Pinky Squeaks im Schlaf macht, hängt vielleicht noch einen Decade dran. Wer im Feeble Grind sicher grindet, springt einfach in einen Smith Grind um, usw. usf.Außerdem kann man fast alle Tricks von einer Disziplin in eine andere übertragen. 540s gehen nicht nur in der Halfpipe, sondern auch in einer Minirampe oder gar eine Treppe hinunter. Ein Barspin geht nicht nur auf der Straße, sondern natürlich auch in einem Air. Der Fantasie sind dabei keine Grenzen gesetzt.

Schneller fahren, mehr reinlehnen – das sind die beiden Dinge, die fast immer helfen, wenn ein Trick nicht klappen will. Die Logik dahinter ist einfach. Geschwindigkeit ersetzt Balance und kann dabei helfen, sicherer auf einem Rad zu rollen. Auch beim Springen ist die richtige Geschwindigkeit oft entscheidend. Nur wer sicher bis in die Landung springt und genügend Höhe hat, kann eine Variation versuchen. Mit „Reinlehnen" ist hingegen gemeint, dass bei den meisten Tricks die richtige Verlagerung des Körpergewichts enorm wichtig ist. Nicht nur Anfänger müssen dabei ihre Angst überwinden, denn der richtige Balancepunkt befindet sich kurz vor dem Nachvorneüberkippen. Wenn man dies nicht gewohnt ist, kann es ein unangenehmes Gefühl sein. Hat man den richtigen Balancepunkt für sich aber erst einmal herausgefunden, dann gibt es kaum etwas Schöneres auf der Welt.

Wenn ein Trick mal nicht sofort klappt, sollte man sich davon nicht entmutigen lassen. Übung macht den Meister und selbst nicht jeder BMX-Profi beherrscht jeden Trick. Manches fällt einem eben leichter, andere Tricks sind schwerer zu lernen – je nach dem, wo die eigenen Fähigkeiten liegen. Mit etwas Geduld, Ausdauer und dem richtigen Willen kann man aber viel erreichen und viele schöne Stunden auf seinem Rad erleben.

Und jetzt viel Spaß mit den BMX-Tricks!

FLATLAND

FLATLAND KANN KUNST, LIFESTYLE, SUCHT UND SEGEN SEIN...

rs2
DER
SUPERMIX
IM RADIO

VORWORT

von Michael Sommer

Flat.. what? - Spricht man mit einem Flatlander über seinen Sport, ist es sehr wahrscheinlich, dass die Unterhaltung sich zu einer interessanten Diskussion entwickeln wird. Themen wie sportliche Freiheit und Flatland als Kunstform könnten dabei genauso zur Sprache kommen wie eine genaue Analyse der gesamten Szene. Als Außenstehende wird man dabei bemerken, dass Flatlander ihren Sport mit einem Eifer betreiben, der fast schon religiös anmutet.

Dieser Umstand ist nicht besonders verwunderlich, wenn man bedenkt, dass Flatland ein sehr hohes Maß an Hingabe, Zeit und Motivation verlangt, um in den angestrebten Zustand der totalen Verschmelzung mit Rad, Zeit und Raum zu gelangen. Belohnt wird dieser Eifer mit nie dagewesenen Tricks und einer Steigerung der Konzentrationsfähigkeit.

Flatland ist eine sehr vielschichtige Form des BMX-Fahrens. Wenn man verschiedene Flatlander fragt: „Was ist eigentlich Flatland?“, bekommt man sehr viele, sehr verschiedene Antworten. Die Beziehung der einzelnen Fahrer zu dieser Art des Radfahrens ist sehr individuell und kann nicht verallgemeinert werden. Der eine mag es als Sport ansehen und für Wettbewerbe trainieren. Ein anderer betrachtet es als eine Kunstform oder eine Art Meditation. Flatland kann aber auch Lifestyle, Sucht und Segen sein. In einem stimmen aber alle überein: Flatland ist mehr als nur ein Sport.

Selbstverständlich werden unter den Fahrern Tipps ausgetauscht und Hilfestellungen gegeben. Trotzdem führt kein Weg daran vorbei, dass man sich die Tricks nur selber schenken kann. Niemand kann einem erklären wie man seinen eigenen Balancepunkt findet. Der Flatlander lebt nach dem Motto: Ohne Fleiß kein Preis. Und wo kein Preis ist, ist auch kein Trick.

Der Erfindungsreichtum der Flatlandfahrer kennt keine Grenzen. Egal ob man sich nun dafür entschieden hat, alleine auf einem Parkplatz seine Runden zu drehen oder auf internationalen Wettbewerben Trophäen und Preisgelder einzuheimsen, wichtig ist vor allem, dass man sich persönlich weiterentwickelt und an seinem ganz eigenen Style feilt.

Dazu brauchen Flatlander eine gerade und griffige Fläche, auf der sie ihre Tricks üben können. Zwar kann man die meisten Grundlagen auch auf einem weniger perfekten Boden lernen, aber umso komplexer die Tricks werden, desto wichtiger ist es, dass der Untergrund perfekt ist. Besonders Basketballplätze und Rollhocheyfelder sind wegen ihrer ebenen Oberfläche bei Flatlandern beliebt, aber auch so mancher Parkplatz genügt ihren Anforderungen.

Setup and go! - Die richtige Einstellung des Flatland-Bikes ist sehr wichtig, damit die vielfältigen Positionen und komplexen Drehbewegungen ausgeführt werden können, bei denen der Schwerpunkt sehr oft verlagert wird. Zu den wichtigsten Faktoren der persönlichen Radeinstellung gehören vor allem Rahmenlänge, Sattelhöhe, Sattelweite, Lenkerneigung, Reifenumfang und Reifendruck. Es macht wenig Sinn, sein Rad so wie das seines Lieblingsfahrers einzustellen, denn jeder Mensch ist anders gebaut. Manche Fahrer sind klein, manche sind groß und für jeden ist der Schwerpunkt ein anderer. Flatland ist schwierig genug. Daher ist es sinnvoll, das Rad an die eigenen Vorlieben anzupassen als umgekehrt. Mit verschiedenen Einstellungen zu experimentieren, ist auf jeden Fall hilfreich. Denn nur so kann man den richtigen Setup für einen bestimmten Style oder eine möglichste breite Palette an Tricks herausfinden.

1+1=2 - Ein Flatlandtrick kann vieles sein, aber grundsätzlich kann man auch Flatland ein bisschen aufgliedern. Hier eine kleine Einführung:

Position - Flatland ist von zahllosen *Positions* (Positionen) geprägt, die man entweder vom Vorderrad, dem Hinterrad oder beiden Rädern gleichzeitig aus erreicht. Die verschiedenen Positionen können ge*scufft* oder gerollt werden. Weitere Variationen ergeben sich durch sogenannte *G-Turns* und „Turbinen". Beim *Scuffing* wird der Reifen mit dem Fuß angetrieben. wodurch er sich vorwärts bzw. rückwärts bewegt und man dadurch das Gleichgewicht hält. „Rolltricks" zeichnen sich hingegen dadurch aus, dass man auf dem Vorder- oder Hinterrad rollt, während das jeweils andere Rad den Boden nicht berührt. *G-Turns* verdanken ihren Namen der Anwendung der Beschleunigungskraft (auf Englisch heißt diese *G-force*). Um einen G-Turn auszuführen, rollt man einen Trick kurz vorwärts an, um sich dann ruckartig um 180 Grad zu drehen und anschließend rückwärts weiter zu rollen. Als „Turbinen" bezeichnet man eine pumpende Bewegung, in der die Laufrichtung einer Position durch G-Turns mehrfach geändert wird.

Barswitch - Ein *Barswitch* ist eine Lenkerdrehung, die meistens auf dem Vorderrad ausgeführt wird. Das kann eine halbe Umdrehung oder mehr sein.

Link - Als *Link* bezeichnet man den Übergang zwischen verschiedenen Positionen. Das kann mit Hilfe einer Bremse, den Füßen oder ohne Bremshilfe geschehen. Jede dieser Techniken hat Vor- und Nachteile, die man für sich selbst abwägen muss. So sind auf der einen Seite einige komplexe Übergänge ohne Bremsen sehr schwierig, auf der anderen Seite kann man sich beim *brakeless style* voll auf den *Flow* (Fahrfluss) und den Trick konzentrieren. Auch *Kickflips* gehören zu den Links. Hierbei wird der Link meist ohne Zuhilfenahme der Hände gesprungen. Eine ähnliche Technik ist der *Pivot* (Drehung), wobei der Fuß am Peg in eine neue Position gedreht wird, ohne dass er den Peg je verlässt.

...und Bob sprach: „Es werde Freestyle!"

In den Anfängen des BMX herrschte Race als einzige Disziplin über den Sport. Es war irgendwann Ende der siebziger Jahre, als ein gewisser Bob Haro aus San Diego auf die Idee kam, dass man mit einem BMX-Rad nicht nur Rennen fahren, sondern auch Tricks machen kann. Dies hatte er sich vom Skateboarding abgeschaut, das zu dieser Zeit in Kalifornien einen Boom erlebte. Schnell fand Bob viele Nachahmer und Freestyle war geboren.

Die große Zeit des Experimentierens war angebrochen: gefahren wurde alles, was Spaß machte und gut aussah. Anders als heute, waren die Fahrer damals nicht auf eine Disziplin festgelegt und Quarterpipe- und

Flatlandsessions gingen nahtlos ineinander über. Flatland wurde am Anfang noch *Ground* genannt und war stark von Hüpft- und Balancetricks sowie verschiedenen Variationen des Freihändigfahrens geprägt. Was dieser Frühform des Flatland an Komplexität fehlte, wurde durch coole Posen, Kaugummikauen und neonfarbende Uniformen wettgemacht. Einen guten Einblick in diese Zeit bietet übrigens der Hollywoodschinken *Rad – The Movie* (1986).

Ground-Klassen waren damals ein fester Bestandteil von BMX-Wettbewerben, auf denen meistens sogar ein Gesamtsieger aus der Quarterpipe- und Groundwertung gekürt wurde. Fahrer wie Dennis McCoy, Rick Moliterno und Jay Miron fühlten sich von jeher in der Luft und auf dem Boden gleichermaßen wohl. Bis heute betonen viele Street- und Rampen-Profis, wie sehr Flatlandtricks ihnen dabei geholfen haben, ihr Radgefühl zu verbessern. Flatlandtricks wie der Hang 5 oder Nosewheelie gehören heute auch auf Rampen und der Straße zum guten Ton. Der Einfluss von Flatland auf andere Disziplinen ist unübersehbar. Mit anderen Worten: Flatland ist überall!

Flatland hat sich nicht über Nacht zu dem entwickelt, was es heute ist. Hier einige wichtige Fahrer, die die Entwicklung dieser Disziplin maßgeblich vorangetrieben haben:

The Eastcoast - York, PA - York, eine Kleinstadt im Süden Pennsylvanias, war das erste Flatland-Mecca der BMX-Geschichte und die Heimat der *Plywood Hoods*. Das war eine Gruppe von Fahrern, die sich rund um die Flatland-Masterminds Kevin Jones und Chase Gouin gebildet hatte. Wer sich auch nur oberflächlich mit Flatland beschäftigt, wird unweigerlich auf diese beiden Namen stoßen. Sie legten den Grundstein für das, was wir heute unter modernem Flatlandfahren verstehen. Zu einer Zeit, in der die BMX-Industrie zum ersten Mal boomte, distanzierten sie sich von jeglichen Wettbewerben, um sich ganz auf die Weiterentwicklung von Flatland konzentrieren zu können.

Für die Nachwelt festgehalten, wurden ihre bahnbrechenden Tricks, Switches und Positionen in der Videoserie *Dorkin' in York*. Vorbei war die Zeit der Hüpftricks, ab jetzt wurde gescufft und gerollt was das Zeug hielt. Kevin Jones, der damals Teil der B-Boy-Crew *The Cardboard Lords* war, brachte Einflüsse aus dem Breakdance in sein Fahrradfahren ein. Dadurch ergibt sich ein wirklich guter Vergleich, der Flatland vielleicht am besten beschreibt: Flatland ist Breakdance auf einem BMX-Rad. Chase Gouin tat sich hingegen durch einen schnellen, aggressiven Fahrstil hervor, der alsbald von zahllosen Fans in aller Welt imitiert wurde.

Noch heute sind Kevin und Chase in Flatland involviert. Hin und wieder bekommt man neue Tricks von ihnen auf Video zu sehen. Hier eine kleine Auswahl aus der Trickliste der beiden: Hitchhiker, Elephant Glide, Crackpacker, Halfpacker, Backpacker, Deathtruck, Lardyard, Frontyard, Side Donut, Dumptruck, Circle K, Jugglers... Wer mehr wissen möchte, sollte einfach die Dorkin´ Videos angucken, in denen man außerdem zu sehen bekommt, dass auch Rampenlegende Dave Mirra Flatland fahren kann und es den Whopper (Bunny Hop Tailwhip) schon zur Fönwellenzeit gab.

Wir machen jetzt mal einen Zeitsprung nach vorn, vorbei am Höhepunkt des BMX-Hypes der Achtziger und dem späteren Zerfall der großen BMX-Industrie, hin zu der Geburt des *Undergrounds* (englisch: Untergrund). Anfang der neunziger Jahre entstanden die ersten *rider-owned companies* also BMX-Firmen, die von BMX-Fahrern gegründet und geführt wurden. Aus dem BMX-Sport wurde ein subkultureller Lifestyle. „Ground" war längst zu „Flatland" mutiert und inzwischen viel komplexer und spezieller als noch Mitte der Achtziger. Viele einflussreiche Flatlander stammen aus dieser Zeit. Sie bereicherten die Disziplin um zahllose Facetten und flipten, switchten und drehten sich in eine neue Ära.

The Westcoast - Flatland Fugitives

In den neunziger Jahren waren die *Flatland Fugitives* eine Crew von Hardcore-Flatlandern. Sie kamen von der Westküste Amerikas, genauer gesagt aus Huntington Beach und Umgebung. Von hieraus schwappte der *Westcoast flavour* über alle Kontinente.

Die Crew rund um Fahrer wie Richard Zabzdyr (RIP), Edgar Placencia, Nate Hanson, Day Smith, Jesse Puente und Sean Peters hat die wildesten Styles entwickelt. Sie haben definitiv einen großen Einfluss auf die Szene gehabt und einen tiefen Eindruck hinterlassen. Caboose Stubbleduck, Pedaltricks, Around-the-world-Styles (um das Rad „gehen"), unzählige Barswitches und Links auf Vorder- und Hinterrad sind nur ein Bruchteil der Tricks, die zu dieser Zeit in Kalifornien entstanden.

Baggy Shorts, Skateschuhe und ein innovativer Style - so in etwa könnte man diese Zeit recht gut beschreiben. Von unendlichen Rolltrickkombinationen auf dem berühmten-berüchtigten Hungtington Strandparkplatz, zu den Spinning-Tricks am Basketballplatz der örtlichen Highschool - der Vibe, der von dieser Crew ausging, war Flatland in Reinform. Dazu gehörte es auch, dass die Crew gemeinsam in einem Haus lebte, was ihren Idealismus offensichtlich und *real* machte.

The Midwest - Baco - Zeitgleich entstand an der Ostküste der USA die Spaßfraktion *Bacovision*. Man kann dieses Videoprojekt rund um Chris Rye, welcher auch das Videomagazin *Props* ins Leben gerufen hat, getrost als legendär bezeichnen. Es war geprägt von Spaß, Blödsinn, Tabubrüchen und einzigartigem Tricks.

Mit Baco wird die Flatlandszene um Chad Degroot, Mark Hilson, Dylan Worsley, Paul Osicka und vielen anderen assoziiert. Wie bei den Fugitives, wurde hier Idealismus und Spaß groß geschrieben! Dieser Spaß lief - sehr zur Freude der Videokonsumenten - oft aus dem Ruder und so wurde Flatland immer mehr zu einem Lifestyle. Es schien, als wären diese Jungs permanent und nonstop auf dem Fahrrad, denn sie erfanden wie am Fließband neue Tricks. Flatland wurde zu dieser Zeit sehr stark von Chad Degroot dominiert und selbst die Tatsache, dass er sich Finger- und Zehennägel lackierte, tat dieser Dominanz keinen Abbruch. Fun und bestes Radfahren waren das Wichtigste für die Jungs von Baco und das wurde in ihren Videos nur all zu gut dokumentiert.

UK represent! - Auch aus der Heimat der Queen übten Flatlander Einfluss auf die internationale Szene aus. Phil Dolan, der lange in Huntington Beach residierte und so etwas wie ein Ehren-Fugitive war, ist in Sachen Wettbewerbe bis heute der erfolgreichste englische Fahrer. Doch auch die Styles von Rollmaster James White, die kreativen Ideen von Lee Musselwhite und Sam Foakes sowie das Tricklexikon Effraim Catlow oder die sehr flüssig fahrenden Keelan Phillips und Jason Forde sind weit über die Grenzen des Königreichs bekannt.

The KGB - Es gibt zwei Fahrer, die vielleicht am ehesten das Newschool-Pendant zu Kevin Jones und Chase Gouin darstellen. Der eine ist der finnische Kickflip-Meister Martti Kuoppa und der andere Jorge „Viki" Gomez aus Madrid. Beide sind inspirierende Fahrer. Se waren schon vor der Gründung ihrer Firma KGB sehr gute Freunde. KGB produzierte ausschließlich Flatlandprodukte. Leider gaben die beiden dieses Projekt 2009 auf.

Schaut man sich die Erfolge der beiden an, bleiben nicht viele Wünsche offen. Von drei X-Games Goldmedaillen, diversen Weltmeistertiteln, dem zweifachem Sieg beim Circle of Balance bis hin zu vielen anderen Titeln, welche die beiden gewonnen haben, ist eigentlich alles dabei. Darüber hinaus haben sie viele neue Styles erfunden und ihre Originalität fasziniert bis heute die Szene. Wer sich für die Tricks der beiden interessiert, dem sind die *KGB* oder *Intrikat* Videos sehr zu empfehlen.

The Backwheel - In den Newschool-Jahren konzentrierte sich ein Großteil der Flatlandfahrer auf das Vorderrad. Es gab aber immer wieder Vorderrad-Verweigerer, die sich lieber mit dem Hinterrad beschäftigten. Es mag daran gelegen haben, dass diese Fahrer einfach einen anständigen Freecoaster besaßen oder sich vom Mainstream abgrenzen wollten. Wie dem auch sei, Nathan Penonzek und Kotaro Tanaka waren vielleicht die ersten Profis, die diesen Stil erfolgreich verfolgt haben. Nathan war in dieser Hinsicht sicher ein Wegbereiter für viele, die noch kommen sollten, um Flatland wieder ins Gleichgewicht zwischen Vorder- und Hinterrad zu bringen. Aber auch Fahrer wie Raphael Chiquet, Hidekazu Miura und Ucchi haben bewiesen, dass Flow, Style und Innovation noch ausbaufähig sind.

Vive les Mexicos! - Auch Frankreich hat eine lange Flatland-Tradition. Fahrer wie Alexis Desolneux, Lionel Cardoso, Alex Jumilin, Christoph Dassier, die Massabova Brüder, Jimmy Petite,

Raphael Chiquet und Matthias Dandois haben die französische Flatlandkunst in die ganze Welt getragen und ihrer Szene zu großem Ruhm verholfen. Legendär ist die Mexicos Crew aus Paris, die auch noch heute aktiv ist.

Jeder einzelne von ihnen ist ein Unikat und hat zu seiner Zeit die weltweite Flatlandwelt stark beeinflusst. Image und Style waren hierbei genauso wichtig, wie die Crews selbst, deren Einfluss in Bezug auf Stil und Fashion die Flatlandwelt polarisierte.

Big in Japan - Wurde Japan in den neunziger Jahren durch Fahrer wie Jesse Puente „missioniert", so ist es heute eher umgekehrt: Japaner missionieren die Flatlandwelt. Mit Hilfe des Internets und der damit verbundenen Möglichkeiten der globalen Beobachtung von Trends und neuen Styles, ist die japanische Szene ein großer Lichtblick für die Zukunft des Flatlands geworden.

In Japan findet man so ziemlich alle Styles, die man sich vorstellen kann. Die hiesige Flatlandszene ist zudem mittlerweile wohl die größte der Welt. Trotz der immensen Masse von Flatlandern in diesem Land ragen einige Fahrer hervor und prägen mit ihren eigenen Tricks einen Teil des modernen Flatlands.

Ryoji „Yanmar" Yammamoto ist einer der einflussreichsten Fahrer der neuen Generation. Man sieht seine Tricks und Konzepte heute in den Kombinationen und Variationen unzähliger Flatlander. Einige seiner Techniken waren für die Flatlandwelt der Segen, den sie brauchte, um Neues zu erschaffen. Sprach Chase Gouin Ende der neunziger Jahre während seiner Brakeless-Phase von *Floatland* (*float* heißt auf Englisch „fließen"), so bekam dieser Begriff mit Yanmar eine Gestalt, die sich in Form von *waving combos* und sehr bekannten Pivot-Tricks zeigte.

Lifestyle oder Sport?

Global betrachtet, wächst Flatland noch immer mit rasanter Geschwindigkeit. Die verschiedenen Szenen Südamerikas, Europas, der USA oder der Hochburg Japan sind der beste Beweis dafür, dass aus Flatland ein globaler Sport bzw. Lifestyle geworden ist.

Aus heutiger Perspektive gesehen, hat sich vieles im Flatland in Richtung Sport entwickelt. Inzwischen sind Wettbewerbe zu gigantischen Marketingmaschinen mutiert, welche die Fahrer zu nutzen versuchen, um Ruhm und Ehre zu erlangen oder einfach um von ihrer Leidenschaft leben zu können. Es gibt aber viele verschiedene Zugänge zum Flatland. Man kann sie in den Stilen der Fahrer beobachten. Etwas Neues für sich entdecken zu wollen, sei es ein eigener neuer Trick oder der Trick eines anderen Fahrers, bedeutet auf jeden Fall, dass man viel Geduld investieren muss und einen starken Geist braucht. Am Ende findet doch jeder Flatlander das, was er für sich sucht: seinen Trick. Und das ist es, was Flatland letztendlich zu der Kunstform und dem Sport macht, der es ist. Das und das Gefühl, wenn wir uns daran erinnern, als wir unseren ersten Trick geschafft haben.

In diesem Sinne: „Flat is dead" (Zitat: BMX-Flatland T-Shirt)

Peace!, Michael Sommer

// Michael Sommer (Jahrgang 1976) ist seit 1999 BMX-Profi. Er lebt, arbeitet und produziert Musik in Wien. Seine Sponsoren sind Felt Bikes, Carhartt, 059Brand und Reebok.

// S. 91: Michi Sommer in Wohlfühlposition, Foto: Reen West
// S. 71: Titelfoto Flatland: Matti Röse, Berlin, Foto: JPK

Curb Endo

Borsteinkanten findet man überall. Sie eignen sich hervorragend dazu, einfache Tricks auszuprobieren. So kann man zum Beispiel langsam mit dem Vorderrad dagegen fahren und versuchen, in dieser Position möglichst lange das Gleichgewicht zu halten. Hat man dies einigermaßen drauf, kann man sich an den Curb Endo wagen.

Für den Curb Endo fährt man langsam auf einen Bordstein zu. Sobald das Vorderrad gegen dessen Vorderseite stößt, verlagert man das Körpergewicht nach vorne und drückt die Arme durch. Dadurch löst sich das Hinterrad vom Boden. Ziel der Übung ist es, das Hinterrad möglichst hoch in die Luft zu bekommen und mit dem Brustkorb fast den Sattel zu berühren. In dieser Position kurz ausbalancieren. Anschließend die Arme wieder an den Körper heranziehen und gleichzeitig das Körpergewicht nach hinten verlagert. Sobald das Hinterrad den Boden berührt, rollt man ein kleines Stück rückwärts, zieht die Hinterradbremse und tritt dann in die Pedale, um vorwärts wegzufahren.

Tipp: Den Curb Endo kann man auch ohne Bordstein machen. Nicht nur hierfür ist die Vorderradbremse gut.

Rider: Ralf Maier, Spot: Köln

Peg Wheelie

Der Peg Wheelie ist ein Trick, der gut dazu geeignet ist, um sich an das Fahren auf dem Hinterrad zu gewöhnen. Der Balancepunkt ist einfach zu halten und kann leicht geübt werden, indem man den Trick zunächst ohne Auf- und Abgang macht.

Langsam anfahren und einen Fuß auf den hinteren Peg stellen. Leicht mit dem Oberkörper nach vorne gehen und dann am Lenker ziehen. Gleichzeitig den Oberkörper wieder aufrichten, um das Vorderrad in die Luft zu bekommen. Das Rollen auf dem Hinterrad wird mit dem freien Fuß als auch Hüft-, Oberkörper und Armbewegungen ausbalanciert. Diese richtig zu koordinieren erfordert ein wenig Übung, ist aber wichtig, um für schwierigere Rolltricks gewappnet zu sein. Für den Abgang einfach nach vorne lehnen, das Vorderrad absetzen und mit einem breiten Lächeln in die Pedale steigen.

Rider: Ralf Maier, Spot: Köln

Tailspin

Langsam anfahren und einen Fuß auf den hinteren Peg setzen. Anschließend mit dem anderen Fuß über das Oberrohr steigen und diesen zwischen Rahmen und Gabel auf das Vorderrad drücken. Gleichzeitig wird das Körpergewicht über den Lenker verlagert und mit dem hinteren Fuß der Hinterbau seitlich wegstoßen, sobald sich das Hinterrad vom Boden löst. Während sich der Rahmen nun um das Steuerkopfrohr dreht, wird das Gleichgewicht mit dem Oberkörper und dem frei schwebenden Fuß ausbalanciert. Kurz bevor der Rahmen seine 360-Grad-Drehung vollendet hat, wird der freie Fuß auf das Oberrohr gestellt. Jetzt einfach in die Pedale springen und weiterfahren.

Unnützes Wissen: Obwohl der Tailspin ein Flatlandtrick ist, wurde er – man höre und staune – von einem Rampenfahrer erfunden. Und zwar von niemand geringerem als Brian Blyther, einem der bekanntesten Quarterpipefahrer der achtziger Jahre.

Rider: Michael Steingräber, Spot: Köln

Decade

Für die Ausgangsposition dieses Tricks wird ein Fuß auf einen hinteren Peg und der andere in den Winkel zwischen Ober- und Sattelrohr gestellt.

Sehr langsam anfahren und einen kleinen Endo machen. Den Lenker nun zum Körper ziehen und gleichzeitig das Gewicht nach hinten verlagern, damit sich das Vorderrad vom Boden löst. Anschließend kraftvoll mit dem Fuß von Rahmen und Peg abstoßen und mit angewinkelten Beinen über das Steuerkopfrohr springen. Am höchsten Punkt sollten die Arme fast gestreckt sein und das Oberrohr für die Landung anvisiert werden. Mit dem Fuß vom Peg auf dem Oberrohr landen und mit dem anderen in die Pedale steigen.

Tipp: Der Decade ist zunächst etwas einfacher, wenn man das gesamte Rad während des Sprunges circa 90 Grad unter sich dreht. Davor muss man keine Angst haben, meist geschieht dies von alleine.

Rider: Thomas Hirsch, Spot: Trier, Sequenz: Benjamin Günther

Steamroller

Der Steamroller ist ein Rolltrick und wird komplett ohne Bremse ausgeführt. Er ist die Grundlage für zahllose Kombinationen und Links. Wie schon beim Peg Wheelie macht es Sinn, die Rollposition zunächst ohne Auf- und Abgang zu üben.

Mit mittlerer Geschwindigkeit anfahren und jeweils einen Fuß auf einen der hinteren und vorderen Pegs stellen, sodass man mit dem Oberkörper seitlich zum Rad gewandt steht. Das Körpergewicht nun leicht nach vorne verlagern, damit sich das Hinterrad vom Boden löst und der Rahmen mit dem hinteren Fuß vom Körper wegstoßen werden kann. Während das Rad herum schwingt, wird der Oberkörper noch weiter über den Lenker gelehnt und der Sattel anvisiert. Sobald der Hinterbau 180 Grad herumgeschwungen ist, wird der Sattel mit einer Hand gegriffen. In dieser Position auf dem Vorderrad weiterrollen und den Balancepunkt mit dem freien Bein und dem Oberkörper ausbalancieren.

Für den Abgang einfach den Sattel loslassen und das Hinterrad vor sich auf dem Boden absetzen. Anschließend etwas zurücklehnen und den Lenker leicht einlenken, damit der Hinterbau „überholt" werden kann. Nun wird es noch einmal knifflig. Wenn der Lenker ungefähr 90 Grad zum Rahmen steht, wird das Körpergewicht wieder etwas nach vorne verlagert und abgewartet, bis der Hinterbau fast wieder in seine Ausgangsposition zurückkehrt ist. Nun den freien Fuß auf das Oberrohr setzen und den anderen Fuß dann vom Peg lösen, um ihn auf das Pedal zu stellen. Voilà!

Rider: Pascal Nanko, Spot: Köln

SCHAFT
SCHAFTSVERBAND RHEINLAND
TSVERBAND RHEINLAND

Hang Five

Mit mittlerer Geschwindigkeit anfahren und einen Fuß auf den vorderen Peg setzen. Anschließend langsam das Gewicht des Oberkörpers über das Vorderrad verlagern und gleichzeitig die Arme durchdrücken, um dadurch das Hinterrad vom Boden anzuheben. Sobald die Arme ganz durchgedrückt sind, auf den Sattel setzen und mit dem Oberkörper und dem freien Fuß die Position ausbalancieren. Für den Abgang einfach den Körper leicht nach hinten lehnen, die Arme gleichzeitig Richtung Körper ziehen, das Hinterrad wieder auf dem Boden absetzen und in die Pedale steigen.

Tipp: Um nicht über den Lenker zu kippen, wird das Gewicht nach hinten verlagert, indem man die Arme etwas streckt und den Oberkörper aufrichtet. Es kann dabei auf helfen, den freien Fuß nach vorne zu strecken. Um ein Absetzen des Hinterrades zu verhindern, werden die Arme etwas angewinkelt und das Körpergewicht nach vorne verlagert. Und Finger weg von der Bremse!

Rider: Monika Hinz, Spot: Stuttgart

Whiplash

Mit mittlerer Geschwindigkeit anfahren und jeweils einen Fuß auf einen der hinteren und vorderen Pegs stellen, sodass man mit dem Oberkörper seitlich zum Rad gewandt steht. Das Körpergewicht nun leicht nach vorne verlagern, damit sich das Hinterrad vom Boden löst und der Rahmen mit dem hinteren Fuß vom Körper wegstoßen werden kann.

Sobald sich der Rahmen 180 Grad um den Steuerkopf gedreht hat, setzt man den freien Fuß auf den freien vorderen Peg, sodass für einen kurzen Moment beide Füße auf den Pegs stehen. Das Gleichgewicht wird in diesem Moment mit der Hüfte und den Armen ausbalanciert. Kurz bevor der Rahmen komplett herumgekommen ist, wird der Fuß auf dieser Seite vom Peg gelöst und auf das Oberrohr gesetzt. Anschließend steigt man mit dem anderen Fuß in das freie Pedal und fährt weiter.

Rider: Michael Steingräber, Spot: Köln

LANDSCHAFTSVER
RHEINLAND

Fire Hydrant

Langsam anfahren, einen Fuß über den Rahmen heben und auf den hinteren Peg setzen. Nun mit dem anderen Fuß auf den vorderen Peg steigen und danach mit dem hinteren Fuß vom Rad abstoßen, sodass der Körper 180 Grad um das Steuerkopfrohr schwingt. Der freie Fuß hilft beim Ausbalancieren dieser Bewegung. Sobald die Drehung vollendet ist, wird die Vorderradbremse gezogen, wodurch der Hinterbau nachschwingt. Sobald der Rahmen neben dem Körper ist, wird der freie Fuß auf das Oberrohr gesetzt. Nun mit dem anderen Fuß in das freie Pedal steigen und weiterfahren.

Rider: Sascha Heydemann, Spot: Koblenz

Shuffeln

Eine der wichtigsten Techniken im Flatland ist das „Shuffeln“ (schlurfen). Darunter wird das abwechselnde Anschieben und Stoppen des Reifens mit der Fußsohle verstanden. Die Sequenz zeigt den Crackpacker – eine Position, die sich gut dazu eignet, das Shuffeln zu lernen.

Wichtig beim Shuffeln ist es, eine gleichmäßige Spannung zwischen dem Standbein, den Armen und den Hüften aufzubauen. Der shuffelnde Fuß wird wie beim Schlurfen zuerst nach vorne gestoßen und treibt so den Reifen an. Anschließend wird der Fuß über den Reifen wieder nach hinten gezogen. Das Anstoßen des Reifen sollte kraftvoll geschehen, während beim Zurückziehen weniger Druck ausgeübt wird, um die Rollbewegung des Reifens nicht allzu stark abzubremsen. Ziel der Übung ist es, die Geschwindigkeit des Reifens mit dem Fuß zu regulieren, indem man mit dem Fuß mal mehr, mal weniger Druck ausübt.

Rider: Michael Sommer, Spot: Koblenz

FELT BiKES

Pinky Squeaks

Langsam anfahren und einen Fuß auf den vorderen Peg stellen. Dann die Vorderradbremse ziehen, den Lenker vom Körper wegschieben, das Körpergewicht nach vorne verlagern und das Hinterrad mit einer kreisenden Armbewegung zwischen den Beinen nach vorne stoßen. Wenn der Hinterbau vor dem Lenker steht, wird kurz die Vorderradbremse gelöst und mit dem freien Fuß das Vorderrad nach hinten angetrieben.

Das Antreiben des Reifens wird als „Squeak" bezeichnet. Anschließend wieder die Vorderradbremse ziehen und den freien Fuß zum Gabelschaft führen. Sobald der Rahmen einmal komplett herumgeschwungen ist, wird der Fuß vom Peg gelöst und über das Oberrohr gehoben, um ihn auf der anderen Seite wieder auf den Peg zu setzen. Während der Rahmen zwischen den Beinen ist, wird erneut die Bremse gelöst und der Reifen mit dem freien Fuß „gesqueakt". Daran anschließend den freien Fuß anheben und das Oberrohr unter ihm weiterkreisen lassen.

Jetzt können die vorigen Schritte wiederholt und unendlich viele Pinky Squeaks hintereinander gemacht werden. Voraussetzung dafür ist eine gut funktionierende Bremse und das der Körperschwerpunkt während des ganzen Tricks über dem Lenker bleibt. Für den Abgang einfach so lange warten, bis der Rahmen wieder zwischen den Beinen ist, diesmal aber nicht mit dem freien Fuß den Reifen antreiben, sondern ihn auf die Pedale stellen und die Arme an den Körper heranziehen. Danach die Hinterradbremse ziehen, das Hinterrad absetzen und die Vorderradbremse lösen, um weiter zu fahren.

Rider: Markus Reich, Spot: Koblenz

Gerator

Der Gerator ist ein guter Trick, um das Shuffeln auf dem Hinterrad zu üben. Außerdem lassen sich unzählige Tricks mit ihm kombinieren, wodurch er zu einem der elementaren Bausteine des Flatlandfahrens geworden ist. Um die Shufflebewegung beim Gerator zu üben, kann man sich zunächst einfach neben das Rad stellen und ohne Aufgang in den Trick steigen. Es gibt viele Möglichkeiten, in den Gerator zu kommen. Pascal zeigt uns eine davon:

Pascal setzt seinen linken Fuß auf den hinteren rechten Peg. Dies Fußposition wird *switch* (wechseln) genannt. Anschließend zieht er am Lenker und macht einen Peg Wheelie im Kreis. Um im Kreis zu rollen, verlagert Pascal sein Körpergewicht nach rechst und schaut in die selbe Richtung. Wenn er einen sicheren Balancepunkt gefunden hat, schaut er ruckartig nach links, verlagert dementsprechend das Körpergewicht, löst die linke Hand vom Lenker und zieht das Rad mit der rechten Hand zum Körper. Gleichzeitig dreht er den linken Fuß auf dem Peg und sobald sein Rad neben ihm steht, steigt er mit dem rechten Fuß auf den Reifen und beginnt zu shuffeln. Erst jetzt beginnt der eigentliche Gerator.

Die Shufflebewegung wird im Kreis ausgeführt und durch Drücken und Ziehen am Lenker kontrolliert. Zusätzlich balanciert der freie Arm das Gleichgewicht aus. Zum Rausgehen einfach mit der freien Hand zum Lenker greifen, den Körper über das Rad drehen, mit dem Fuß vom Reifen auf das innere Pedal steigen und das Rad absetzen. Jetzt den Fuß vom Peg über den Rahmen auf die freie Pedale setzen und glücklich weiterfahren.

Rider: Pascal Nanko, Spot: Köln.

Dumptruck

Langsam auf den hinteren Pegs stehend anfahren, das Vorderrad hochziehen und im Peg Wheelie rollen. Dann das Körpergewicht auf eine Seite verlagern und die innereHand vom Lenker lösen. Die äußere Hand wird gleichzeitig an den Körper gezogen, das Gewicht nach vorne verlagert und mit der freien Hand über den Lenker an den vorderen äußeren Peg gegriffen. Den Peg zum Körper ziehen, die äußere Hand vom Griff lösen und den freien Fuß hintern Sattel herumführen, um ihn auf das Hinterrad zu stellen. Jetzt wie beim Gerator seitlich vom Rad stehend auf dem Hinterrad shuffeln und mit der freien Hand das Gleichgewicht halten. Für den Abgang werden die Hände am Peg gewechselt und die äußere Hand wieder an den Lenker geführt. Nun den Fuß vom Reifen nehmen und das Rad nach vorne absetzen, wobei zugleich ein letztes Mal die Hände gewechselt werden.

Unnützes Wissen: Der Dumptruck ist eine Variation des Caboose. Der Unterschied zwischen diesen Tricks besteht darin, dass in den Dumptruck hinein gerollt wird, während man für einen Caboose zuerst einen kleinen Endo macht, dann die Hinterradbremse zieht und aus dem Stand in die Shuffleposition umsteigt. Die Meinungen darüber, wer der Erfinder des Caboose ist, gehen auseinander. Man nimmt an, dass es entweder Aaron Dull oder Kevin Jones war. Die Forschung geht davon aus, dass beide Fahrer sowohl zur selben Zeit als auch vollkommen unabhängig voneinander auf dieselbe Idee kamen. Dieses Phänomen gibt es im BMX-Sport häufig. Eines steht jedoch unbestritten fest: den Dumptruck machte als Erster Kevin Jones. War doch so, oder?

Rider: Roman Scheid, Spot: Bonn

Hitchhiker

Mit mittlerer Geschwindigkeit anfahren, einen Fuß hinter dem Sattel herumführen und auf den hinteren Peg stellen. Anschließend den anderen Fuß auf dem vorderen Peg platzieren, sodass man seitlich neben dem Rad steht. Jetzt das Körpergewicht über den Lenker lehnen und dabei mit dem hinteren Fuß das Hinterrad anlupfen. Danach direkt mit der äußeren Hand an den Sattel greifen und in dieser Position kurz auf dem Vorderrad rollen. Nun muss alles ganz schnell gehen! Gleichzeitig das Rad weiter nach vorne drücken, mit dem freien Fuß unter dem Rahmen auf den freien Peg steigen und die äußere Hand vom Lenker lösen. Um Platz für das freie Bein zu schaffen, wird der Sattel etwas zur Seite gedrückt. Sobald beide Füße auf den Pegs stehen, wird mit beiden Beinen durch gleichmäßige Gewichtsverlagerung die Balance halten. Nun das ganze Rad nach vorne stoßen und komplett vor den Körper bringen, indem man mit der Hand vom Sattel an den Hinterradreifen greift. Das Hinterrad dreht sich mit der Hand nach hinten und man steht in der eigentlichen Hitchhikerposition, die durch Hüftbewegungen und mithilfe des freien Armes ausbalanciert wird. Es ist dabei wichtig, dass der Lenker auf keinen Fall den Boden berührt.

Für den Abgang am Hinterrad ziehen und die Hand vom Reifen zum Sattel zurückdrehen. Schnell wieder an den Sattel greifen und die freie Hand an den Lenker führen. Bevor das Hinterrad aufsetzt, wird das Körpergewicht nach hinten verlagert, die äußere Hand an den Lenker geführt und der innere Fuß vom vorderen Peg gelöst. Dabei das Vorderrad mit dem äußeren Fuß steuern. Ganz zum Schluss greift die innere Hand vom Sattel zum freien Griff und der innere Fuß wird auf den hinteren Peg gesetzt, sodass man wieder seitlich neben dem Rad steht.

Tipp: Der Hitchhiker ist etwas einfacher zu lernen, wenn man ihn wie Oliver mit eingeschlagenem Lenker macht. Außerdem ist es ratsam, diesen Trick auf einem sehr glatten Boden zu üben, damit das Rad im Falle des Aufsetzens mit dem Lenker nicht abrupt stoppt und beschädigt wird.

Rider: Oli Maichle, Spot: Köln

Halfpacker

Mit mittlerer Geschwindigkeit anfahren und einen Fuß über den Rahmen heben, um ihn auf der anderen Seite auf den hinteren Peg zu stellen. Der andere Fuß wird auf der gleichen Seite auf den vorderen Peg gestellt. Das Körpergewicht über den Lenker nach vorne verlagern und mit dem hinteren Bein das Hinterrad hochziehen.

Sobald das Hinterrad in der Luft ist, wird mit einer schnellen Bewegung die äußere Hand zum Sattel geführt. Nun rollt man auf dem Vorderrad. Wenn man den Balancepunkt sicher hat, wird der Lenker zum Körper und der Sattel zum Oberschenkel des inneren Beins gezogen. Dabei das Rad zur Seite kippen lassen und anschließend den Lenker loslassen, um das freie Bein vor den Lenker zu bringen. Jetzt die freigewordene Hand hinter dem Rücken zum Sattel führen und die Hände wechseln. Gleichzeitig wird der freie Fuß auf den äußeren vorderen Peg gesetzt. Beide Füße stehen nun fest auf den vorderen Pegs, das Rad befindet sich hinter dem Körper. Das Gleichgewicht wird mit dem Oberkörper und der freien Hand gehalten. In dieser Position kann man „pushen", d.h. mit einer Art Wippbewegung der Beine den Schwung des rollenden Reifens aufrechterhalten.

Für den Ausstieg kann man entweder direkt nach hinten zurück steigen oder den äußeren Fuß zuerst auf den Reifen setzen und shuffeln, um langsamer zu werden. Dann den Po zur Seite drücken, damit der Lenker an der Hüfte vorbei kommt und zwischen den Beinen hindurch vor den Körper geschoben werden kann. Sobald das Rad wieder unter dem Körper ist, wird der Sattel losgelassen und die Hände anschließend zurück an den Lenker geführt.

Rider: John Krämer, Spot: Stuttgart

Crackpacker

Der Crackpacker eignet sich hervorragend, um das Shuffeln und Rollen auf dem Vorderrad zu üben. Der Aufgang in diesen Trick kann aus vielen Positionen erfolgen. An dieser Stelle wird nur der eigentliche Crackpacker beschrieben.

In der Ausgangsposition steht man mit dem Rücken zum Lenker, der Rahmen befindet sich zwischen den Beinen. Das Hinterrad ist in der Luft, eine Hand greift den Sattel und die andere den Griff auf ihrer Seite. In dieser Position wird solange das Vorderrad geshuffelt, bis genügend Schwung aufgenommen wurde, um zu rollen. Nun wird der shuffelnde Fuß vom Reifen gelöst und auf den freien vorderen Peg gestellt. Gleichzeitig löst sich die Hand vom Lenker. Während des Rollens auf dem Vorderrad wird mit dem freien Arm und durch Bewegungen mit dem Oberkörper das Gleichgewicht gehalten. Dabei steht man am besten locker in den Knien.

Michael zeigt auf den Fotos eine der unzähligen Möglichkeiten, um aus diesem Trick auszusteigen. Er wählt den Abgang über einen Steamroller. Dazu wird ein Fuß von den vorderen Pegs gelöst und um den Lenker geschwungen. Sobald sich das freie Bein hinter dem Lenker befindet, greift man mit der Hand derselben Körperseite an den inneren Griff. Jetzt rollt man in der normalen Steamroller-Position. Anschließend kann man entweder einen weiteren Link hinzufügen oder einfach umgreifen, aus dem Steamroller aussteigen und den Trick beenden.

Rider: Michael Sommer, Spot: Koblenz

McCircle

Der Einstieg in diesen Trick ist ein schnell geschwungener Fire Hydrant. Dabei wird das freie Bein weit nach hinten gestreckt, um Schwung aufzunehmen und die Bewegung auszubalancieren. Sobald sich der Körper vor dem Rad befindet, wird der freie Fuß auf den Reifen gesetzt und treibt diesen an. Dazu den Reifen mit einer kraftvollen Bewegung von oben nach unten stoßen. Dabei die ganze Zeit über die Schulter schauen, denn nur so drehen sich Körper und Rad im Kreis. Außerdem ist es wichtig, dass der Körper und das Rad nach innen gedrückt werden, um eine ausgewogene Rad-Körper-Spannung zu erzeugen. Der Reifen kann beliebig oft angetrieben werden. Für den Abgang die Füße auf dem inneren Peg tauschen, den freien Fuß am Lenker vorbeiführen und auf den hinteren Peg stellen, umgreifen und in die Pedale springen.

Rider: Frank Lukas, Spot: Köln

Megaspin

Der Megaspin ist im Grunde genommen nichts anderes als ein McCircle auf dem Hinterrad. Auf den hinteren Pegs stehend langsam anfahren. Dann einen Fuß vom hinteren Fuß lösen, ihn nach vorne schwingen und dadurch Schwung für die Drehung aufnehmen. Um die Drehung einzuleiten, wird das Körpergewicht nach innen verlagert. Die innere Schulter wird außerdem leicht hängengelassen, der Kopf schaut in die Drehrichtung. Gleichzeitig den freien Fuß nach hinten schwingen und das Vorderrad hochziehen. Jetzt das Gewicht weit nach hinten verlagert und auf dem Hinterrad eine sehr enge Kurve fahren.

Nach einer 180 Grad wird der freie Fuß auf das Hinterrad gesetzt, um diesen wie beim McCircle nach hinten anzutreiben. Diese Bewegung kann beliebig oft wiederholt werden. Für den Abgang wieder nach vorne lehnen, das Rad rumkommen lassen und das Vorderrad absetzen. Die Füße auf die Pedale stellen und weiterfahren.

Rider: Frank Lukas, Spot: Köln

RHEINLAND

// Benjamin Großjohann in Bonn, Foto: Roman Scheid

// Flo Sailer,
Foto: JPK

STREET

HARTER BETON DER STRASSE. STREET IST KREATIV, VIELSEITIG, ÜBERALL GEGENWÄRTIG UND GNADENLOS

VORWORT

Von Kay Beutling

Auf jeder x-beliebigen Straße in jeder x-beliebigen Stadt gibt es unzählige Möglichkeiten, um mit einem BMX-Rad Tricks zu machen. Das Fahren auf der Straße heißt „Street". Street gehört heutzutage zu den beliebtesten BMX-Disziplinen und ist ebenso weit verbreitet wie facettenreich.

Schon in den Anfangstagen des BMX-Sports probierten die ersten Fahrer, mit ihren Rädern nicht nur über Erdhügel, sondern auch Treppen hinab zu springen. Es dauerte allerdings bis zum Ende der achtziger Jahre, bis sich Streetfahren zu einer eigenständigen Disziplin entwickelte. Es ist vor allem der Verdienst von Eddie Roman und den *Dirt Brothers* um Vic Murphy, dass diese Art zu fahren populär wurde. 1989 erschien das Video *Aggroman*, in dem die ersten richtigen Streettricks zu bestaunen waren. Etwa zur gleichen Zeit organisierte Ron Wilkerson den ersten BMX-Street-Wettbewerb, den Contest „Meet the Street". Was damals eine Randerscheinung zu sein schien, entwickelte sich im Laufe der nächsten zwanzig Jahre zu einem der wichtigsten Bestandteile des Sports.

Heute ist Street aus der BMX-Szene nicht mehr wegzudenken. Es verändert sich ständig und passt sich mühelos an die lokalen Möglichkeiten an. Natürlich gibt es nicht überall perfekte Plätze zum Street fahren, aber das hat BMXer nie daran gehindert, ihrer Kreativität freien Lauf zu lassen und auch aus beschränkten Möglichkeiten erstaunliche Resultate herauszuholen. Und auch dort wo du wohnst, gibt es mit Sicherheit mehr Street-taugliche *Spots* (Orte), als es auf den ersten Blick erscheint. Den Spaß am Streetfahren machen also nicht unbedingt sagenhafte Spots aus, sondern vor allem zwei Komponenten: Einfallsreichtum und die Lust daran, die Straßen zu erkunden.

Es gab natürlich ein paar Meilensteine in der Entstehung des Streetfahrens. Zu diesen zählt mit Sicherheit die Arbeit von Dave Parrick, der einige der besten und einflussreichsten BMX-Videos aller Zeiten produzierte. Ein solches ist *Trash* (1993), vielleicht das erste Video, das zum Großteil aus Streetaufnahmen bestand. Dessen Nachfolger, *Dirty Deeds* (1995), schlug den gleichen Ton an und endete mit einer legendären Mike Escamilla Section, in welcher der junge Kalifornier fast nebenbei die Grundlagen des modernen Streetfahrens erfand. *Nowhere Fast* (2000) setzte hingegen noch einmal komplett neue Street-Maßstäbe, die teilweise bis zum heutigen Tag ihre Gültigkeit haben. Sein bisher letztes Video lieferte Mr. Parrick mit *Forward* (2002) ab. Derzeit arbeitet er an seinem neusten Streich, der noch dieses Jahr in die Läden kommen soll.

Während in Dave Parricks Videos nicht selten halsbrecherische Stunts im Vordergrund stehen, legte man in New York seit jeher eher Wert auf technisch anspruchsvolle Tricks, was sich auch in den Videos aus dieser Stadt widerspiegelt. Richtungweisend war in diesem Zusammenhang *Don't quit your Day Job* (2000) und etwas später das erste Animal Video (2002). Die Architektur New Yorks mit seinen engen Straßen und dichtgedrängten Häusern mag der Grund dafür sein, dass hier viel langsamer und viel kleinere Spots gefahren werden als in Kalifornien, wo die großzügige und ausladende Stadtplanung schnelles Fahren und weite Sprünge begünstigt. BMX in New York spielt sich nicht selten in engen Gassen oder Hinterhöfen ab, auf Bordsteinen, Verkehrsinseln und Laderampen.

Zu den Wegbereitern des Ostküstenstils gehören Ralph Sinisi und Edwin Delarosa. Während Ralph für viele technische Grindvariationen an verwinkelten Hindernissen bekannt war, pflegte Edwin einen flüssigen Fahrstil ohne Bremse, der bis heute von BMXern auf der ganzen Welt nachgeahmt wird. Ein weiterer einflussreicher Ostküsten-Streetfahrer ist Van Homan, der durch seine *Videosection* (Teil eines Videos) in *Seek and Destroy* (1999) bekannt wurde. Er ist die Furchtlosigkeit in Person. Kein Spot auf der Welt war vor ihm und seinen mitunter äußerst riskanten Tricks sicher. Aber auch heute noch ist er für so manchen wilden Stunt zu haben.

Spätestens seitdem ich das erste Mal ein Animal Video gesehen hatte, wusste ich, dass ich Street fahren wollte. Ich schraubte meine Bremse ab und im Gegenzug dafür vier Pegs an mein Rad. Seitdem ist es um mich geschehen. Ich habe meine Lieblings-BMX-Disziplin gefunden. Wobei ich das Wort „Disziplin" eigentlich nur ungern benutze, denn Street ist viel mehr für mich.

Beim BMX-Fahren sollte immer der Spaß im Vordergrund stehen. Das ist beim Streetfahren nicht anders. Es ist nicht immer wichtig, bis an seine Grenzen zu gehen. Manchmal reicht es schon aus, mit ein paar Freunden durch die Straßen zu fahren und sich das bunte Treiben anzusehen. Früher sind wir manchmal stundenlang durch unser Dorf gefahren und haben uns überlegt, was wir irgendwann an den verschiedenen Spots wohl machen würden. Die klassische Streetsession gibt es im Grunde nicht. Denn jeder Tag, an dem du das Haus verlässt, um BMX zu fahren, ist anders. Vielleicht lernst du einen neuen Trick, vielleicht merkst du, dass ein Trick, der gestern noch wie von selbst ging, heute gar nicht mehr klappen möchte. Vielleicht triffst du auf der Strasse schrille und skurrile Gestalten, vielleicht aber auch nicht. Ich habe diese Erfahrungen gemacht und weiß sie zu schätzen. Mir bereitet Street fahren am meisten Freude, weil auf der Straße einfach immer was los ist, egal ob ich nun einen Trick mache oder nicht. Natürlich kann man auch eine Menge Spaß in einem Skatepark, beim Flatland oder Dirt haben. Trotzdem bleibt das Umfeld bei diesen Disziplinen immer einigermaßen konstant, es gibt nur wenig Veränderung. Streetfahren ist hingegen immer anders, immer neu, und das schon allein wegen der Spots. Keine Treppe gleicht der anderen, keine Mauer ist genau wie die nächste. Manchmal sind da nur kleine Unterschiede, aber der Spot ist deswegen ganz anders zu fahren als der letzte. Und genau das macht Streetfahren für mich interessant.

Wer in die Ferne schweift, um dort Street zu fahren, der sollte sich zu benehmen wissen, wenn er von den Einheimischen zu den besten spots der Stadt geführt werden möchte. Es gibt ein paar wichtige Regeln, die man als Gast befolgen sollte. Freundlichkeit steht dabei auf jeden Fall an erster Stelle. Stell dir einfach vor, ein fremder Typ kommt in deine Stadt, um deine mühsam gesuchten Spots zu fahren. Natürlich möchtest du auch nicht angemeckert oder mies behandelt werden, bevor du ihm diese zeigst. Es sollte sich von selbst verstehen, dass dasselbe für ihn gilt. Jeder sollte also ein Mindestmaß an Respekt gegenüber den *Locals* (Einheimische) an den Tag legen.

Außerdem sollte man sich an fremden Spots unter keinen Umständen wie ein Rüpel aufführen. Wenn dir eine perfekte Marmormauer präsentiert wird, aber dein Feeble Grind noch nicht ganz auf der Schnellwahltaste ist, solltest du dir vielleicht überlegen, ob dies der richtige Spot ist, um ihm auszupacken. Spätestens wenn die Locals weinend versuchen, die abgebrochenen Marmorstücke mit Kaugummi wieder in die Mauer zu kleben, müsstest du merken, dass dieser Trick noch ein paar Tage auf der Trainingsliste verweilen sollte. Vergiss darüber hinaus niemals, deinen Müll wieder mitzunehmen oder ihn in einen Mülleimer zu werfen. Niemand, insbesondere eine Stadtverwaltung, mag es gern, wenn Müll herumliegt. Und da viele gute Spots in den Innenstädten sind, kann es schnell passieren, dass die Stadt sich dazu entscheidet, einen Spot abzureißen oder unfahrbar zu machen, wenn dieser fortwährend zugemüllt wird.

Du wirst feststellen, dass das Reisen mit und wegen BMX etwas sehr Schönes sein kann. Auf den meisten Trips lernt man neue und interessante Leute kennen und aus solchen Bekanntschaften sind schon viele Freundschaften hervorgegangen. Wenn du lange genug dabei bleibst, wirst du merken, dass manche Freundschaften auch über weite Entfernungen Bestand haben und über die Jahre wachsen können. Natürlich wird auch der Tag kommen, an dem du lieber alleine fahren willst und dir vielleicht die Zeit nimmst, auf dem nächsten Parkplatz einen Tag lang den Manual to 180 zu üben. Aber das gehört genauso zum BMX-Fahren wie ein entspannter Tag an deinem Lieblingsspot mit deinen Freunden.

Streetfahren hat aber über kurz oder lang auch immer etwas mit Mut zu tun. Es ist unwahrscheinlich, dass du deinen ersten *Handrailgrind* mit einmal anfahren und einem Grinsen auf dem Gesicht absolvieren wirst. Wer ernsthaft Street fahren möchte, muss sich im Klaren sein, dass nicht jeder Trick auf den ersten Versuch klappen wird. Streetfahren kennt kein Foampit und keine Resirampe (siehe das Kapitel über BMX-Camps), sondern meistens nur Asphalt und harten Beton. Wer auf diesem Untergrund zu Boden geht, der wird nicht selten Hautabschürfungen, Prellungen oder schlimmere Verletzungen davontragen. Daher sollte man gerade am Anfang erst mal kleine Brötchen backen, bevor man sich an die dicken Dinger wagt. Rom wurde auch nicht an einem Tag erbaut. Wenn du die grundlegenden Tricks und Bewegungen drauf hast und dich an kleineren Spots sicher fühlst, ist es langsam an der Zeit, dich an die größeren und höheren Spots zu wagen.

Der grundlegende Trick beim Streetfahren ist der Bunny Hop. Er ist der Schlüssel zum Erfolg an fast jedem Spot. Wenn du dir sicher bist, dass du einen Bunny Hop hoch genug kannst, um auf eine Mauer oder ein Geländer zu springen, kann schon fast nichts mehr passieren. Selbstvertrauen in dein eigenes Können ist sehr wichtig. Wenn du dir nicht sicher bist, dass ein Manöver hinhauen wird, kannst du schon fast damit rechnen, dass du stürzt.

Es kann manchmal auch hilfreich sein, wenn dich deine Freunde motivieren und dir sagen, dass du den Trick auf jeden Fall schaffen wirst. Gleichzeitig solltest du dich aber auch nicht beeinflussen lassen und lieber ein paar Tage mit einem Trick warten, wenn du kein gutes Gefühl dabei hast. Die Gefahr, sich zu verletztzen, fährt schließlich immer mit. Du solltest dir stets sicher sein, ob du wirklich den Stunt machen willst oder doch lieber zusiehst, wie die anderen ihr Glück probieren.

Das Wichtigste an der ganzen Sache ist im Endeffekt, dass du Spaß hast. Du wirst feststellen, dass es sich nicht lohnt, gestresst zu sein oder zu versuchen, besser zu fahren als jemand anders. Je länger du dabei bleibst, desto mehr wirst du merken, dass es nicht alleine darum geht, wer der Beste ist. Es geht viel mehr darum, Freunde zu finden und zusammen eine gute Zeit auf den viel zu kleinen Rädern zu haben. Wenn du diese gute Zeit auf den Straßen dieser Welt hast, ist das umso besser!

In diesem Sinne: Wir sehen uns auf der Straße!

// Kay Beutling (Jahrgang 1984) fährt seit zehn Jahren BMX und lebt in Köln. Er studiert Linguistik, betreut die Webseite freedombmx.de und ist außerdem Teammanager bei wethepeople.

// S. 131 - Street Titelfoto: Sven Hofmann, Foto: JPK
// S. 135 - Kay Beutling, Feeble Grind, Foto: JPK

Bunny Hop

Der Bunny Hop ist die Grundvoraussetzung für fast alle Street- und Rampentricks.

Mit waagerechter Pedalstellung anfahren, in die Knie gehen und gleichzeitig das Körpergewicht leicht nach vorne verlagern. Dann schnell aus der Hocke aufstehen und kräftig den Lenker zum Oberkörper ziehen. Sobald das Vorderrad seinen höchsten Punkt erreicht hat, wird das Hinterrad mit den Füßen nachgezogen. Dazu drückt man den Lenker mit gestreckten Armen von sich weg und zieht die Füsse in Richtung Brustkorb. Bei der Landung darauf achten, dass zuerst das Hinterrad auf den Boden gesetzt und der Aufprall mit den Knien abgefedert wird.

Tipp: Zunächst sollte man einen Bunny Hop nur über Gegenstände machen, die auch nachgeben, wie zum Beispiel Papier- oder Getränkekartons. Dadurch werden unnötige Schäden an der Hinterradfelge verhindert.

Rider: Oliver Landgraf, Spot: Bonn

Manual

Gerade auf ein Hindernis zufahren und kurz davor einen Bunny Hop machen. In der Luft wird das Körpergewicht weit über das Hinterrad gebracht. Das Hinterrad nun auf dem Hindernis aufsetzen und mit ausgestreckten Armen auf einem Rad darüber rollen. Der Balancepunkt beim Manual wird mit den Knien und Armen gehalten. Die Technik ähnelt dabei der des Peg Wheelies aus dem Flatland-Kapitel.

Zu Anfang kann man das Gleichgewicht mithilfe der Hinterradbremse halten, indem man diese zieht, wenn man droht hinten überzufallen - ein guter Fahrer verzichtet jedoch komplett auf die Bremse. Droht das Vorderrad abzusacken, lehnt man sich einfach weiter nach hinten. Wichtig ist es, während des gesamten Manuals leicht gehockt über dem Hinterrad zu stehen, damit das Gleichgewicht durch weiteres Bücken oder Aufrichten ausgeglichen werden kann. Sobald das Ende des Hindernisses erreicht ist, springt man einfach mit einem kleinen Bunny Hop ab oder fährt über die Kante und landet auf dem Hinterrad.

Tipp: Das plötzliche Absacken des Vorderrades kann durch einen Tritt in die Pedale ausgeglichen werden. Diese Technik gilt unter BMXer aber als „Schummeln" und sollte deshalb nur im Notfall angewandt werden.

Rider: Tobias Tilgner, Spot: Stuttgart

Rollback

Der Rollback ist die Grundvoraussetzung für alle Street- und Rampentricks, die *Fakie* (rückwärts) gelandet werden. Am besten übt man ihn, indem man eine Schräge oder Rampe hochfährt und am höchsten Punkt das Körpergewicht über den Sattel verlagert. Sobald das Rad nach hinten rollt, tritt man rückwärts in die Pedale, schaut auf das Vorderrad und hält durch Lenkerbewegungen und Gewichtsverlagerung das Gleichgewicht. Dabei ist zu beachten, dass beim Rückwärtsfahren alle Körperbewegungen das genaue Gegenteil von dem bewirken, was man vom Vorwärtsfahren gewöhnt ist. Wer also beim Rollback beispielsweise nach rechts lenkt, steuert das Rad nach links und umgekehrt. Eine gewisse Rückenlage vereinfacht den Trick.

Um wieder umzudrehen, wird kurz entgegengesetzt der Ausdrehrichtung eingelenkt und leicht in die Knie gegangen. Aus der Hocke aufstehen, das Gewicht über das Hinterrad verlagern und über die Schulter in die Richtung gucken, in die man ausdrehen möchte. Sobald sich das Vorderrad vom Boden löst und die Drehung beginnt, kann die Hinterradbremse gezogen werden, um das Ausdrehen auf dem Hinterrad zu vereinfachen.

Tipp: Wer das normale Umdrehen problemlos beherrscht, kann einen Halfcap probieren. Für diese Technik wird, anstatt auf dem Hinterrad auszudrehen, ein rückwärts angefahrener 180 Bunny Hop gemacht.

Rider: Gerrit Rehmann, Spot: Köln

180 Bunny Hop

Der 180 Bunny Hop ist ein elementarer Trick und sollte von jedem Streetfahrer beherrscht werden. Man kann ihn sowohl auf dem Boden als auch von Hindernissen machen. Bevor man sich an den 180 Bunny Hop wagt, sollte man den Rollback beherrschen.

Mit mittlerer Geschwindigkeit anfahren und leicht in die Knie federn. Mit einem Ruck aufstehen und einen Bunny Hop machen. Dabei das Gewicht zur Seite verlagern und über die Schulter geblickt, um die 180-Grad-Drehung einzuleiten. In der Luft das Rad drehen und entgegengesetzt der Fahrrichtung zuerst auf dem Hinterrad landen. Nach der Landung das Gewicht nach hinten verlagern und einen Rollback machen.

Rider: Mike Fox, Spot: Köln

Feeblegrind

Im spitzen Winkel auf eine Mauer zufahren und kurz vor dieser mit einem Bunny Hop abspringen. In der Luft wird das Vorderrad über die Mauer gebracht, während der Rest des Rades etwas seitlich steht. Zuerst landet das Vorderrad auf der Mauer, dann wird der hintere Peg auf die Mauerkante gesetzt. Das Gewicht leicht nach vorne verlagern und darauf achten, dass das Vorderrad während des gesamten Grinds parallel zur Kante rollt, da sonst der hintere Peg abrutscht. Dabei immer über dem Rahmen stehen und mit dem Oberkörper das Gleichgewicht halten. Um den Grind zu beenden, einfach mit einem kleinen Bunny Hop seitlich von der Mauer springen.

Rider: Charly Wagner, Spot: Köln

Smithgrind

Im spitzen Winkel auf eine gut rutschende Mauer zufahren. Kurz vor dem Hindernis einen Bunny Hop machen und dabei mit dem vorderen Peg auf die Kante zielen, aber das Hinterrad höher ziehen und auf der Mauer absetzen. Schon vor der Landung nach hinten lehnen, damit nicht zu viel Gewicht auf dem vorderen Peg ist und dieser dadurch verkantet. Sobald das Hinterrad vom Hindernis zu rutschen droht, wird mit beiden Rädern gleichzeitig seitlich abgesprungen.

Tipp: Um die Kante rutschiger zu bekommen, kann man mit einer handelsüblichen Kerze Wachs auf der Mauer verteilen, bis deren Oberfläche rutschig ist. Das nennt man „(ein)wachsen".

Rider: Benedict Herr, Spot: Stuttgart

Wallride

Mit mittlerer Geschwindigkeit und in einem 45-Grad-Winkel auf eine Wand zufahren. Kurz vor der Wand einen Bunny Hop machen, wobei die innere Schulter wie beim Durchfahren einer Steilkurve hängen gelassen und das Rad in der Luft schräg gelegt wird. Die Reifen an die Wand drücken und einen kurzen Moment an dieser entlangfahren. Anschießend am Lenker ziehen und das Rad von der Wand wegdrücken. Vor der Landung wird das Rad wieder gerade gestellt und der Hinterbau hinab gedrückt. Eine Landung auf dem Hinterrad sieht nicht nur schöner aus, sondern schont auch die Handgelenke.

Tipp: Der Wallride ist einfacher zu lernen, wenn man ihn zunächst an einer schrägen Wand oder aus einer *Bank* (Schräge) probiert.

Rider: Christian „der Dude" Kreuzer, Spot: Köln

LITTEL THAT HE KNOW

APOTHEKE
dm
BARTHON
Kaufland

Manual to 180

Wie für einen normalen Manual anfahren und auf das Hindernis springen. Während des Manuals schon leicht in die Richtung lehnen, in die später der 180 gedreht werden soll. Kurz vor dem Ende des Hindernisses eine kleine Kurve fahren, um Schwung für die Drehung aufzunehmen. Dann an der Kante abspringen und einen 180 Bunny Hop machen. Der Schwung für die Drehung des 180s kann bei diesem Trick jedoch nicht aus den Armen geholt werden, sondern wird fast ausschließlich durch eine kraftvolle Hüftbewegung eingeleitet. Während der gesamten Drehung konsequent über die Schulter schauen. Auf dem Hinterrad landen, rückwärts ausrollen und umdrehen. Wer Spott und Hohn vermeiden möchte, vermeidet dabei einen Indian Giver (siehe Feeble to 180).

Tipp: Der Manual to 180 ist auf einem breiten Podest einfacher als auf einer schmalen Mauer, da man auf dem Podest vor dem 180 besser eine Kurve fahren kann. Am Anfang fährt man am besten eine so große Kurve, dass das Hinterrad vor dem Absprung im 90-Grad-Winkel zur Kante steht. Wird dies beachtet, muss man sich nur noch 90 Grad drehen, um im Fakie zu landen.

Rider: Christian „der Dude“ Kreuzer, Spot: Köln

Fakie Hop

Der Fakie Hop ist ein rückwärts angefahrener Bunny Hop. Es ist für diesen Trick wichtig, dass man kontrolliert rückwärts fahren kann. Außerdem ist zu beachten, dass es nicht nötig ist, beim Fakie Hop genauso stark am Lenker zu ziehen, wie bei einem normalen Bunny Hop. Dies hätte nur zur Folge, dass man noch vor dem eigentlichen Abspringen nach hinten fällt oder mit zu tief hängendem Hinterrad landet und deswegen vom Rad absteigen muss.

Tipp: Die Verwendung eines Freecoasters kann für den Fakie Hop nützlich sein, ist aber nicht zwingend notwendig.

Rider: Peer Wallenborn, Spot: Köln

360 Bunny Hop

Bevor man den 360 Bunny Hop – wie in der Sequenz - an einer Treppe probiert, sollte man den Trick auf dem flachen Boden beherrschen. Um den Schwung zur Seite, den man dafür benötigt, aufzunehmen, wird schon vor dem Absprung der Oberkörper leicht entgegengesetzt der Drehrichtung gedreht. Kurz vor dem tatsächlichen Absprung dann kurz einlenken und den Oberkörper in die Drehrichtung drehen, um horizontal Schwung zu bekommen. Während des ganzen Drehvorgangs über die Schulter schauen. Nach dem Abspringen sollte man versuchen, das Hinterrad nachzuziehen, um dadurch an Höhe zu gewinnen.

Tipp: 360 Bunny Hops sind ein wenig einfacher, wenn man sie zunächst von einem Bürgersteig probiert.

Rider: Jan Beckmann, Spot: Köln

360 Schleifer

Der Schleifer ist eine beliebte Technik für das Umdrehen aus dem Fakiefahren. Anstatt wie beim normalen Umdrehen oder Halfcap, verlassen die Reifen hierbei niemals den Boden. Einfach den Lenker in Drehrichtung einschlagen und weit nach hinten lehnen. Über die Schulter gucken und das Vorderrad solange über den Boden schleifen lassen, bis man wieder nach vorne guckt. Das Hinterrad dient dabei als Drehpunkt und sollte sich fast gar nicht bewegen. Jetzt den Lenker gerade stellen und weiterfahren.

Dominik zeigt uns eine etwas schwierigere Version des Schleifers: den 360 Schleifer. Dazu eine Bank schräg hochfahren und am höchsten Punkt einen leicht überdrehten 180 springen. Sobald das Rad aufsetzt, wird der Lenker eingeschlagen und das Körpergewicht nach hinten verlagert, sodass man die Schräge rückwärts in der Schleiferposition herunterrutscht. Kurz bevor man wieder den Boden erreicht, sollte der Schleifer beendet werden.

Rider: Dominik Wrobel, Spot: Köln-Porz Bowl

Nose Manual

Der Nose Manual ist ein äußerst schwieriger Trick. Es ist hilfreich, wenn man den Hang 5 (siehe S. 104-105) beherrscht, um sich an das Rollen auf dem Vorderrad zu gewöhnen.

Mit mittlerer Geschwindigkeit auf einen Bürgersteig oder eine Mauer anfahren und kurz davor mit einem Bunny Hop abspringen. In der Luft das Vorderrad schnell nach unten drücken und es auf das Hindernis setzen. Die Hände umfassen dabei fest die Griffe. Jetzt ganz weit nach vorne lehnen – soweit, dass man das Gefühl hat, fast über den Lenker zu fallen. Gleichzeitig die Knie anziehen, damit das Hinterrad nicht absackt. Der Körperschwerpunkt sollte nun über der Vorderradachse liegen. Nach vorne lehnen! Noch weiter! Die Arme bleiben während des Rollens leicht angewinkelt, Oberkörper und Hüften balancieren das Gleichgewicht aus, das Gesäß wird nach oben gestreckt. Außerdem ist eine gewisse Körperspannung wichtig, die weder zu verkrampft noch zu locker sein sollte. Am Ende des Hindernisses über das Vorderrad abspringen, nach hinten lehnen, den Hinterbau absacken lassen und dann auf beiden Rädern gleichzeitig landen.

Tipp: Der Balancepunkt ist beim Nose Manual sehr schwierig zu halten. Es kann dabei leicht passieren, dass man über den Lenker kippt. Deshalb sollte man vorher üben, wie man sich in einer solchen Situation verhält. Dazu kann man beispielsweise auf eine Wiese zufahren und kurz vor dieser in die Nose Manual Position gehen. Sobald man nach vorne fällt, wird das Rad entweder zwischen den Beinen nach hinten geworfen oder über den Lenker gesprungen. Sollte dies einmal nicht funktionieren, macht die Wiese das Abrollen um einiges angenehmer.

Rider: Jan Heinen, Spot: Köln

Bunny Hop Barspin

Für den Bunny Hop Barspin muss man zunächst einmal wissen, in welche Richtung der Lenker gedreht werden soll. Dies kann man ganz einfach herausfinden, indem man aufrecht auf den Pedalen stehend vorwärts fährt und schaut, in welche Richtung sich eine Lenkerdrehung um 360 Grad besser anfüllt. Dazu leicht nach hinten lehnen und den Lenker mit einer Hand herumdrehen. Die richtige Richtung fühlt sich intuitiv besser an. Wie gewohnt einen Bunny Hop einleiten, aber anstatt den Sattel in Richtung Brustkorb zu schieben, wird er mit den Knien oder Unterschenkeln geklemmt. Dazu die Beine fest zusammendrücken, sodass das Rad in der Luft stabilisiert wird. Jetzt den Lenker in die Richtung drehen, die sich am Boden besser angefühlt hat. Die Drehbewegung sollte aus den Unterarmen kommen, um das Rad nicht zu „verreißen". Der Oberkörper ist dabei nach vorne gebeugt. Kurz vor der Landung den Lenker fangen und dann weiterfahren.

Tipp: Den Barspin kann man erst aus einer Schräge oder Rampe üben, bevor man ihn als Bunny Hop probiert. Dies hat den Vorteil, dass man für die Drehung des Lenkers mehr Zeit hat.

Unnützes Wissen: In Fachkreisen wird der Bunny Hop Barspin auch „Bizzla" genannt. Wird der Lenker während der Drehung mit einer Hand geführt, spricht man von einem „Busdriver".

Rider: Johannes Wirz, Spot: Bonn

INFORMATION
MediaPark Köln

Feeble Grind to 180

Etwas schneller als bei einem normalen Feeble Grind anfahren, abspringen und wie gewohnt auf der Mauer landen. Während des Grinds wird das Ende der Mauer anvisiert und wenn dieses erreicht ist, springt man leicht seitlich versetzt mit einem 180 Bunny Hop ab. Die 180-Drehung erfolgt bei diesem Trick allerdings entgegengesetzt der normalen Drehrichtung, sprich: auf die „falsche" Seite (*opposite*). Es ist daher empfehlenswert, zunächst einen Opposite 180 auf dem Boden zu lernen. Wichtig ist es, bei der Landung den Lenker gerade zu halten, damit nahtlos in den Rollback übergegangen werden kann. Nun einfach ein Stück rückwärts rollen und umdrehen.

Unnützes Wissen: Wer nach einem Feeble to 180 sich auf seine normale Seite aus dem Rollback herausdreht, sollte sich nicht wundern, wenn seine BMX-Kollegen auf einmal ein wildes Indianergeheul anstimmen. Der Grund für ihr merkwürdiges Verhalten ist einfach: In der BMX-Szene gibt es ein ungeschriebene Gesetz, das besasgt, dass das Herausdrehen aus einem Rollback in dieselbe Richtung zu erfolgen hat, wie das Hineindrehen. Will sagen: Wer einen 180 nach rechts springt, dreht sich auch nach rechts heraus. Ein „falsches" Umdrehen nennen BMXer „Indian Giver". Daher das Indianergeheul.

Rider: Kay „Yak" Beutling, Spot: Köln

Smith Grind to 180

Etwas schneller als bei einem normalen Smith Grind anfahren, abspringen und wie gewohnt auf der Mauer landen. Es kann hilfreich sein, das Hinterrad etwas weiter als sonst von der Kante abetzen, damit, während es zurückrutscht, mehr Schwung für den Opposite 180 aufgenommen werden kann (siehe Feeble to 180).

Am Ende der Mauer wird das Körpergewicht über den Lenker verlagert und aus der Hüfte heraus die 180-Drehung eingeleitet. Dabei ist es wichtig, diese besonders kraftvoll auszuführen. Anschließend landen, umdrehen, weiterfahren, abklatschen.

Rider: Ingo Kraus, Spot: Bonn

Icepick Grind

Um einen kontrollierten, langen Icepick Grind zu lernen, sollte man gute Manuals können. Am besten eignen sich für diesen Trick eine gut eingewachste Mauer oder ein flaches Geländer. Mit mittlerer Geschwindigkeit in einem spitzen Winkel auf das Hindernis zufahren und kurz davor mit einem Bunny Hop abspringen. Den hinteren Peg auf die Kante setzen und wie beim Manual gleichzeitig das Körpergewicht über das Hinterrad verlagern. Der Grind wird mit den Hüften ausbalanciert, die Arme bleiben gestreckt. Am Ende des Hindernisses einfach darüber hinausfahren oder seitlich davon abspringen. Vor der Landung das Körpergewicht wieder nach vorne verlagern. Fertig!

Tipp: Zu Anfang hilft es, den Icepick Grind nicht richtig zu grinden, sondern nur zu versuchen, den Peg über die letzten zehn Zentimeter der Mauer oder des Rails schleifen zu lassen. Dadurch gewöhnt man sich daran, wie man in die Position kommt, in der später gegrindet werden soll.

Rider: Christoph „Stricker" Nöckel, Spot: Köln

Peg Grind

Bevor man sich an ein richtiges Handrail wagt, sollte man Peg Grinds an geraden Geländern, den sogenannten „Flatrails", beherrschen. Solche Geländer findet man nicht nur auf jedem Streetparcours, sondern auch auf der Straße. Am besten eignen sich für den Anfang Rails von mindestens drei Meter Länge. Auf ihnen hat man während des Grinds genügend Zeit, um sich auf den Abgang zu konzentrieren.

Mit mittlerer Geschwindigkeit und im spitzen Winkel auf ein Geländer zufahren. Kurz vor dem Rail mit einem Bunny Hop abspringen und in der Luft das Rail anvisieren. Dann zuerst den vorderen und anschließend den hinteren Peg auf das Geländer bringen. Das Gleichgewicht während des Peg Grinds wird hauptsächlich mit den Knien gehalten. Sobald der vordere Peg das Ende des Rails erreicht hat, zieht man am Lenker und lehnt sich nach hinten, um nicht auf dem Vorderrad zu landen und sich gegebenenfalls zu überschlagen.

Tipp: Je steiler ein Rail ist, desto weiter kann man „in" es hineinspringen. Dies hat den Vorteil, dass man keinen besonders hohen Bunny Hop machen muss, um das Geländer zu treffen. Die Verletzungsgefahr ist bei dieser Technik jedoch nicht zu unterschätzen. Außerdem ist es bei steilen Rails schwieriger, das vordere Peg zuerst abzusetzen.

Rider: Niklas „Nik1" Grossmann, Spot: Düren

Hangover Toothpick Grind

Schnell auf ein Rail zufahren und nach dem Bunny Hop nach vorne lehnen, um den vorderen Peg auf das Geländer zu bringen. Während des Grinds sind die Arme fast gestreckt, gleichzeitig schwingt das Hinterrad seitlich weg. Der Körperschwerpunkt liegt dabei die ganze Zeit über dem Vorderrad. Kurz vor dem Ende des Rails wieder nach hinten lehnen, damit man bei der Landung nicht über den Lenker stürzt.

Rider: Björn Elvering, Spot: Düren

Bunny Hop Tailwhip

Beim Bunny Hop Tailwhip ist es wichtig, dass man sehr stark am Lenker zieht. Wenn dann das Hinterrad in Luft ist, tritt man mit dem hinteren Fuß den Rahmen zur Seite, sodass sich dieser um den Lenker dreht. Jetzt das Gewicht weit nach vorne verlagern und den Rahmen unter dem Oberkörper drehen. Drehungen vor oder neben dem Körper sind hingegen sinnlos und sollten vermieden werden. Die Arme beschreiben während der Rahmenrotation eine kreisförmige Bewegung, welche die eigentliche Drehung des Rahmens bewirkt. Diese Bewegung sollte man vorher auf dem Boden üben. Beine anziehen nicht vergessen. Erst wenn der Rahmen fast wieder unter dem Oberkörper ist, werden die Füße auf die Pedalen gestellt. Jetzt einfach landen und weiterfahren. It's easy, you try!

Tipp: Der Tailwhip Bunny Hop ist ein sehr schwieriger Trick, der sehr viel Geduld erfordert. Man lernt die Tailwhip-Bewegung am besten erst einmal aus einer Schräger oder als Flyout auf eine Rampe.

Rider: Martin „Billy" Mahlert, Spot: Bonn

// Nik1, Frankreich Road Trip 2009, Foto: JPK

THE BMX BOOK

// Keep it like a secret, Foto: JPK

// Nick Schwarzenbach, SF,
Foto:JPK

THE BMX BOOK

// Uwe Brandel,
Foto:JPK

// Dennis Kicza, Paris, Foto: JPK

// Oliver Landgraf in Siegburg bei Bonn, Foto: JPK

PARK

ÜBERALL KANN MAN BMX NICHT AUSLEBEN. DAS VOLK BRAUCHT BIKEPARKS! DANN GEHT ES ATHLETISCH UND VIELSEITIG ZU. DIE BREITENSPORT ÄHNLICHSTE DISZIPLIN.

VORWORT

von Axel Reichertz

„Früher habe ich Rampentricks auf der Straße geübt; heute übe ich Straßentricks auf der Rampe!"

Der Weg zur Rampe

Als ich vor vielen, vielen Monden mit BMX anfing, gab es kaum Rampen, geschweige denn Skateparks in Deutschland. Damals musste ich lange Wege auf mich nehmen, um einmal in den Genuss zu kommen, eine *Transition* (Rundung einer Rampe) zu fahren. Das Internet und Routenplaner gab es noch nicht und ich musste Rampen deshalb regelrecht scouten. Aber das machte mir nichts.

Ich vertraute auf Mundpropaganda und schlechte Wegbeschreibungen, fragte mich durch, hielt Ausschau. Oft haben die Leute damals komisch reagiert, wenn man sie auf der Straße darauf ansprach, ob in der Nähe vielleicht eine „Skaterbahn" sei. Das hat sich zum Glück geändert. Heute wissen viele Menschen, was eine Halfpipe ist und können einem weiterhelfen.

Wenn ich dann endlich die sagenumwobene Rampe gefunden hatte, war dies oft eine baufällige Holzkonstruktion, irgendwo versteckt im hintersten Winkel eines Sportplatzes. Meine erste Rampe entdeckte ich auf der Wiese eines US-Army-Stützpunkts. Vor mir stand nicht mehr als eine runde Holzwand ohne Plattform. Aber das machte mir nichts. Denn immerhin konnte ich hier Gleichgesinnte treffen und endlich die Tricks ausprobieren, die ich in den BMX-Magazinen gesehen hatte.

Auf meiner Suche nach der perfekten Rampe flog ich um die halbe Welt, immer treu meinem Motto: Wenn die Rampe nicht zu mir kommt, dann gehe ich halt zur Rampe. Besonders in die USA, aber auch nach Brasilien und Australien verschlug es mich, denn hier waren die Rampen besser als anderswo. Ich wusste zum Beispiel von einer Minirampe in Bondi Beach/Australien, direkt am Strand gelegen und in unmittelbarer Nähe zahlloser Hippie-Shops. Natürlich musste ich dort hin! Einmal angekommen, fand ich das Paradies auf Erden. Die Rampe war zwei Meter hoch, acht Meter breit und man hatte von ihr einen atemberaubenden Ausblick auf das Meer. Sie war perfekt! Außerdem war hier immer was los - Surfer, Skater, BMXer und andere Freaks trafen sich hier und hatten gemeinsam eine gute Zeit. Diese Erfahrung hat mich zu der Einsicht geführt, dass die Qualität einer Rampe nicht nur von ihren Dimensionen, sondern auch von ihrem Umfeld abhängt. Erst durch die Menschen, die eine Rampe nutzen, wird sie zu dem, was sie ist.

Die eindruckvollste Rampenanlage, die mir je untergekommen ist, war nicht Mat Hoffmans legendäre *Big Ramp*, sondern ein Bikepark in einem ehemaligen Supermarkt in Cleveland/USA. Dort hatten Flatlander eine Unterkunft gefunden und damit sie die Miete zahlen konnten, bauten sie kurzerhand Rampen und eröffneten einen Park: Chenga World. Was sie gebaut hatten, waren aber nicht irgendwelche Rampen - sie stellten alles in den Schatten, was ich jemals zuvor gesehen hatte. Ein Meer von Rundungen füllte den Raum, jede nur erdenkliche Rampe war hier zu finden. Das Besondere an Chenga World war jedoch nicht nur die unglaubliche Menge an Holz, die hier verbaut wurde, sondern auch, dass die Erbauer darauf geachtet hatten, dass alle Rampen miteinander verbunden waren. Dadurch ergaben sich unendlich viele Möglichkeiten und man konnte zehn und mehr Rampen hintereinander fahren, ohne zwischen ihnen auch nur einmal zu treten. Das Prunkstück der Anlage war eine Dirtline aus Holz, die quer durch den Park führte. Diese Line war damals die erste ihrer Art und wurde schon bald in vielen anderen BMX-Hallen nachgebaut. Erfunden wurde sie von Nate Wessel, der bis heute als einer der kreativsten Rampenbauer der Welt gilt und unter anderem für den Rampenparcours bei den X-Games verantwortlich ist. Leider wurde Chenga World vor einigen Jahren abgerissen. Als ich davon hörte, blutete mir das Herz!

Nun bin ich kein Mensch, der darauf wartet, dass eine Rampe vom Himmel fällt. Für mich hatte BMX schon immer etwas mit Eigeninitiative zu tun. Nur wer selber Verantwortung übernimmt, kommt der Verwirklichung seines Traums von der perfekten Rampe näher. Es gäbe in Deutschland heute weitaus weniger BMX-Anlagen, wenn sich die Fahrer allein darauf verlassen hätten, dass ihnen ihre Stadt schon was vor die Nase setzen würde. Wenn es also keine Rampe bei euch gibt, dann tut etwas dagegen! Gründet einen Verein, sammelt Unterschriften, sprecht mit der Stadt. Oder vielleicht gibt es sogar die Möglichkeit, im Garten eines Freundes eine kleine Anlage zu bauen. Es muss ja nicht gleich Chenga World sein. Damit noch mehr Rampenplätze entstehen, kann jeder von euch etwas tun!
In öffentlichen Rampenparks tummeln sich gerade am Wochenende sehr viele Menschen. Das Gewusel kann ganz schön gefährlich sein. Unerfahrene Fahrer verlieren schnell die Übersicht, Zusammenstöße mit anderen kommen leider immer wieder vor. Es ist daher am Besten, sich erstmal das Treiben auf den Rampen anzugucken und sich einen Überblick von der Situation zu verschaffen. Wo ist besonders viel los? Wo muss ich aufpassen? Bin ich gut genug, um schon alle Rampen zu fahren? Und wer ist eigentlich der Typ mit dem langen Zopf, der ohne Rücksicht auf Verluste alles niedermäht, was sich ihm in den Weg stellt? Dem sollte ich besser nicht in die Quere kommen.

Ein bisschen gesunder Menschenverstand kann auch in einem Rampenpark nicht schaden. Also immer höflich bleiben, abwechselnd fahren und nicht den Helm vergessen. Anfänger sollten außerdem immer mit Bremsen fahren, damit sie nicht unkontrolliert in andere Fahrer hineinbrettern. Beachtet man all diese Punkte, ist die Sache nur noch halb so gefährlich wie sie aussieht. Wenn du jetzt auch noch deinen Müll wegräumst, kann eigentlich kaum noch etwas schiefgehen.

Bis in die neunziger Jahre hinein gab es das Parkfahren als eigenständige BMX-Disziplin noch gar nicht. Auf Wettbewerben wurde zunächst ausschließlich Vert und Flatland gefahren. Zur selben Zeit entstanden aber immer mehr Skateparks, die natürlich nicht nur von Skateboardern, sondern auch von BMXern gefahren wurden. Als Reaktion auf diese Entwicklung fand zum Beispiel in der Hamburger i-Punkt Halle einer der ersten Parkwettbewerbe in Deutschland statt. Damals nannte man das Ganze allerdings noch „Street". Erst Jahre später gab man dieser Disziplin den Namen „Park", während seitdem mit „Street" das Fahren auf der Straße bezeichnet wird.

Das fahrerische Level beim Parkfahren hat in den letzten Jahren eine unglaubliche Entwicklung hingelegt. Das liegt nicht zuletzt an den immer besser werdenden Anlagen, die der jungen Generation vielerorts zur Verfügung stehen. Ein richtig guter Park zeichnet sich dadurch aus, dass man ihn sehr flüssig fahren kann und er möglichst abwechslungsreich ist. In unseren Breitengraden ist es natürlich besonders schön, wenn das Ganze drinnen stattfindet, damit einem weder Regen noch Schnee etwas anhaben können. Die besten BMX-Hallen befinden sich hierzulande unter anderem in Aurich (Playground), Hamburg (i-Punkt), Braunschweig (Why-O-Land), Hannover (Yard), Berlin (Roof), Mühlhausen (Thuringia), Wuppertal (Wicked Woods), Ulm (Reithalle) und Emmering (Tretlager). Darüber hinaus gibt es in fast jeder Stadt auch Anlagen im Freien, deren Qualität allerdings stark davon abhängt, inwiefern sich die Locals (einheimische Fahrer) bei der Planung eingebracht haben. Gute Beispiele für gelungene Outdoor-Parks sind mir in Flensburg, Berlin, Halle, Darmstadt, Trier, Ravensburg und Lohhof bei München bekannt. Im Internet gibt es zahlreiche Skatepark-Suchmaschinen. Einfach mal nachgucken, ob es bei euch in der Nähe auch einen gibt.

Abschließend möchte ich noch sagen, dass Parkfahren das ist, was du daraus machst. Um Spaß daran zu haben, kommt es nicht darauf an, dass man die besten Rampen zur Verfügung hat. Es ist viel wichtiger, den Freiraum kreativ zu nutzen, den ein Park euch bietet. Egal, ob du stundenlang an einem neuen Trick feilst oder eine neue Rampe baust: Werde aktiv!

// Axel Reichertz (Jahrgang 1969) war lange Jahre BMX-Profi und lebt heute in seiner Heimatstadt Trier, wo er den BMX- und Skatesportshop Zupport betreibt. Er plant und baut außerdem Bike- und Skateparks.

// Foto rechts: Axel Reichertz im Skatepark Schifflange, Luxemburg, Foto: JPK
// S. 183: Park Titelfoto: Markus Reuss, Rheinaue Bonn, Foto: JPK

Footplant

In einem leichten Winkel auf die Rampe zufahren. Die Geschwindigkeit sollte dabei locker ausreichen, um bis zu deren Oberkante zu kommen. Unterhalb des Coping abspringen, in der Luft den äußeren Fuß von der Pedale lösen und auf die Plattform setzen. Das Körpergewicht bleibt dabei über der Transition. Das Rad wird in der Luft gehalten, indem die Arme leicht an den Körper gezogen werden. Nachdem kurz ausbalanciert und die Landung anvisiert wurde, stößt man sich wieder von der Plattform ab und springt mit einem kleinen Satz zurück in die Rampe. Die Schultern zeigen dabeiin Fahrtrichtung, die Arme werden durchgestreckt. Vor der Landung den Fuß auf die Pedale setzen und die Rampe hinunterfahren. Auf zu neuen Abenteuern!

Rider: Ralf Maier, Spot: Hard Skatepark (Österreich)

Roll In

Auf der Plattform in einem spitzen Winkel auf das Coping zufahren.Kurz bevor das Vorderrad in die Rampe fährt, wird es kurz angehoben und der Körperschwerpunkt in die Rampe verlagert. Dabei ist es wichtig, im gleichen Moment die Schultern in Richtung Transition zu drehen und sich nach vorne zu lehnen. Sobald das Vorderrad über der Rampe ist, drückt man es nach unten und setzt es in die Rundung. Das Hinterrad wird gleichzeitig nachgezogen. Diese Bewegung ähnelt einem flachen Bunny Hop. Anschließend die Rampe hinunterfahren.

Tipp: Bei den ersten Versuchen nicht parallel zum Coping anfahren, da die Gefahr besteht, mit dem Vorderrad an diesem hängen zu bleiben.

Rider: Markus Reuss, Spot: Rheinaue, Bonn

Disaster

Frontal auf die Rampe zu fahren und kurz unter dem Coping einlenken. Dann abspringen und das Rad in der Luft um 180 Grad drehen. Das Körpergewicht bleibt dabei die ganze Zeit über dem Coping, der Oberkörper über dem Sattel. Nicht zu schnell fahren, da es sonst schwierig wird, mit dem Hinterrad auf dem Table und dem Vorderrad in der Transition zu landen. Sobald das Rad aufgesetzt hat, balanciert man kurz aus und springt dann mit einem flachen Bunny Hop in die Rampe. Dabei nach vorne lehnen und das Vorderrad in die Rundung drücken. Das Hinterrad wird anschließend nachgezogen.

Tipp: Umso steiler die Rampe ist, desto mehr muss man sich beim Reinfahren nach vorne lehnen, da sonst das Kettenblatt am Coping hängenbleibt.

Rider: Ralf Maier, Spot: Hard Skatepark (Österreich)

Peg Grind

Mit mittlerer Geschwindigkeit anfahren. Der Peg Grind ist leichter, wenn in der Rampe eine Kurve gefahren wird. Unterhalb der Rampenoberkante-flach abspringen, den äußeren Arm vom Körper wegstrecken und das Rad gegen das Coping drücken. Der Körperschwerpunkt bleibt dabei über der Rampe und das äußere Pedal wird leicht angehoben, damit es nicht die Plattform berührt. Nun etwas nach vorne lehnen und den Schwung mitnehmen, um mit den Pegs über das Coping zu grinden. Am Ende des Grinds werden die Schultern in die Rampe gedreht, der Lenker leicht eingeschlagen und das Rad gleichzeitig vom Coping weggezogen.

Tipp: Wie alle Pegtricks, ist derPeg Grindan steilen Rampen einfacher zu lernen, da man das Rad nicht so weit auf den Table lehnen muss, um die Pegs auf das Coping zu bekommen.Es macht bei diesem Trick außerdem Sinn, zuerst nur das Reinfahren zu üben.

Rider: Patrick Gross, Spot: Northbrigade, Köln

Tail Tap

Gerade und etwas schneller als beim Disaster auf die Rampe zufahren. Am Coping steil abspringen und das Rad in der Luft um ungefähr 90 Grad drehen. Gleichzeitig die Hinterradbremse ziehen. Nun mit dem Hinterrad auf der Plattform landen, wobei das Körpergewicht zwar in der Rampe bleibt, aber etwas nach hinten verlagert wird. Die Landung mit den Knien abfedern und die Schultern in Richtung Coping drehen. Anschließend das Gewicht nach vorne verlagern und das Hinterrad mit einem kleinen Bunny Hop vom Table abstoßen. In der Luft das Gewicht weiter nach vorne verlagern, die Bremse lösen, das Vorderrad direkt unterhalb des Copings in die Rampe drücken und das Hinterrad nachziehen.

Tipp: Der Tail Tap funktioniert auch ohne Bremse. Dabei wird das Hinterrad durch Druck auf die Pedale am Zurückrollen gehindert.

Rider: Patrick Gross, Spot: Northbrigade, Köln

Can Can Footplant

Mit mittlerer Geschwindigkeit auf die Rampe zufahren und kurz unterhalbdes Copings abspringen. In der Luft den äußeren Fuß von der Pedale nehmen und diesen schnell über dasOberrohr heben. Das Bein durchstrecken und mit dem Fußmöglichst nahe am Coping auf der Plattform landen. Mit dem Standbein kurz ausbalancieren und gleichzeitig den Körper in Richtung Rampe drehen.Dann wieder abstoßen, das Bein zurück über den Rahmen ziehen und den Fuß noch vor der Landung auf die Pedale setzen.

Unnützes Wissen: Wie viele andere Rampentricks auch, haben sich die BMXer den Can CanFootplant von den Skateboardern abgeguckt. Im Skateboarding heißt der Trick allerdings Backside Boneless. Manche BMXer haben diese Bezeichnung übernommen. Da es beim BMX-Fahren aber keine *backside* gibt (der Skateboarder steht dabei seitlich auf seinem Deck und mit dem Rücken zur Rampe), ist es sinnvoller von einem Can Can Footplant zu sprechen.

Rider: Ralf Maier, Spot: Köln-Porz Bowl

Walltap

Der Walltap funktioniert von der Gewichtsverlagerung her ähnlich wie ein Fufanu. Man fährt jedoch schneller auf die Quarter zu, um möglichst hoch gegen die dahinterliegende Wand zu springen. In der Luft wird das Rad höchstens um 75 Grad gedreht. Das Vorderrad ist dabei höher als das Hinterrad. Das Gewicht bleibt über der Rampe, der Kopf guckt in Richtung Coping. Jetzt kurz das Hinterrad gegen die Wand drücken, einfedern und sofort wieder abspringen. In der Luft die Schultern zur Rampe drehen, das Vorderrad runter drücken und es kurz unterhalb des Copings in die Rampe setzen. Das Hinterrad hinterher ziehen und weiterfahren als wäre nichts gewesen.

Rider: Jan „Janosch" Ritter, Spot: Northbrigade, Köln

Footjam Nosepick

Eher langsam auf die Rampe zu fahren, unterhalb der Kante abspringen und in der Luft weit nach vorne lehnen. Die innere Schulter muss außerdem während des gesamten Tricks über der Transition bleiben, das Rad wird in der Luft 90 Grad gedreht. Gleichzeitig wird deräußere Fuß zwischen Rahmen und Gabel gedrückt, wo er auf dem Vorderrad Platz findet und dieses blockiert. Dann mit dem Vorderrad kurz hinter dem Coping landen und den Nosepick durch Armbewegungen und Gewichtsverlagerungen ausbalancieren. Um wieder in die Rampe zu springen, wird das Körpergewicht nun noch weiter nach vorne verlagert und sobald man vorne überfallen zu droht, löst man das Vorderrad von der Plattform, um zurück in die Rampe zu springen. In der Luft wird natürlich der Fuß auf die Pedale gesetzt, damit man nicht in die Bredouille kommt.

Tipp: Anstatt den Fuß auf den Reifen zu stellen, kann man einen Nosepick auch mit einer Vorderradbremse machen. Klingt verrückt, ist aber so.

Rider: Jan Philipp Kovermann, Spot: Köln-Porz Bowl

Icepick

Gerade auf eine Quarterpipe zufahren, am Coping am Lenker ziehen und steil auf den hinteren Peg springen. DasKörpergewicht bleibt dabei die ganze Zeit über dem Coping, die Schultern werden von der Plattform weggedreht. Ein wenig nach hinten lehnen und kurz ausbalancieren. Dabei gegebenenfalls die Hinterradbremse ziehen, um das Hinterrad zu stabilisieren. Dann das Körpergewicht wieder nach vorne bringen, ganz in die Rampe verlagern und das Rad vom Coping wegziehen. Nun noch das Vorderrad runterdrücken, den Lenker leicht einschlagen und zurück in die Rampe springen.

Rider: Axel Reichertz, Spot: GKN Skatepark Trier, Fotos: Benjamin Günther

Toothpick

Langsam und frontal auf die Rampe zu fahren. Direkt am Coping steil abspringen und das Vorderrad in der Luft sofort nach unten drücken. Den vorderen Peg auf die Kante setzen, das Körpergewicht nach vorne verlagern, das Hinterrad unter den Hintern ziehen und die Arme durchstrecken. Der Hinterbau bleibt dabei die ganze Zeit über der Rampe und wird erst über das Coping geschwungen, wenn man sicher steht. Zur Stabilisierung des Balancepunkts kann die Vorderradbremsegezogen werden. Dann das Vorderrad kurz einlenken, gleichzeitig den Körper komplett in die Rampe lehnen und den Peg vom Coping lösen. Jetzt einfach in die Rampe fallen lassen und weiterfahren.

Tipp: Der Toothpick funktioniert am besten aufeiner Rampe ohne Coping, weil dort der Peg nicht wegrutschen kann.

Rider: Axel Reichertz, Spot: GKN Skatepark Trier, Fotos: Benjamin Günther

Disaster to Revert

Die Rampe hochfahren und wie beim Disaster abspringen. Sobald das Rad aufgesetzt wirdjedoch nur kurz einfedern und dann kraftvoll von der Plattform abdrücken. Dabei wird der Schwung aus dem Disaster mitgenommen und für die zweite 180-Grad-Drehung genutzt. Für diese Drehung springt man entweder mit dem Hinterrad von der Rampe weg oder dreht sich durch Gewichtsverlagerung auf dem Vorderrad in der Rampe. Rückwärts in der Transition landen, das Körpergewicht nach hinten verlagern und nach einem kurzen Rollback umdrehen.

Tipp: Am Anfang kann es hilfreich sein, den Disaster ein wenig zu überdrehen oder die erste Drehung mit viel Schwung auszuführen, damit die zweite Drehung besser klappt.

Rider: Markus Wilke, Spot: Northbrigade, Köln

VANS

Fufanu

Gerade die Rampe hochfahren und unterhalb des Copings sehr steil abspringen. In der Luft das Rad nur ganz wenig drehen und das Körpergewicht nach hinten verlagern. Mit dem Hinterrad auf dem Coping landen und die Knie einfedern. Kurz ausbalancieren und dann über die Schulter gucken, um die Drehung einzuleiten. Vom Coping abspringen, mit dem Körper der Blickrichtung folgen und das Rad in der Luft um 180 Grad drehen. Gleichzeitig das Vorderrad runter drücken und dann auf der Rampe landen.

Rider: Christoph Huber, Spot: Spot: Hard Skatepark (Österreich)

540 Tailtap

Die Rampe hochfahren, unterhalb des Copings abspringen und mit der Rotation zu beginnen. In der Luft wird das Körpergewicht nach hinten verlagert, bleibt aber gleichzeitig in der Rampe. Nach einer 270-Grad-Drehung wird das Hinterrad auf die Plattform gesetzt. Dabei nicht vergessen, die Hinterradbremse zu ziehen. Nun über die Schulter gucken und auf dem Hinterrad drehen, indem Körper und Rad der Blickrichtung folgen. Während der Drehung wird das Gewicht immer weiter nach hinten verlagert. Nach etwa 450 Grad wird das Rad zum Körper gezogen und das Hinterrad von der Plattform abgestoßen. Das Gewicht wieder nach vorne verlagern und das Vorderrad runterdrücken, um es unterhalb des Copings in die Rampe zu setzen. Jetzt noch das Hinterrad nachziehen und weiterfahren.

Tipp: Um zu gewährleisten, dass das Körpergewicht während des ganzen Tricks über der Rampe bleibt, empfiehlt es sich, nicht allzu schnell anzufahren.

Rider: Christoph Huber, Spot: Hard Skatepark (Österreich)

Footjam Tailwhip

Grundvoraussetzug für diesen Trick ist der Tailspin. Anfahren wie für einen normalen FootjamNosepick. Nach dem Absprung über den Vorbau lehnen und den äußeren Fuß über das Oberrohr heben. Sobald das Vorderrad auf der Plattform ist, wird der freie Fuß auf den Reifen gesetzt, der Lenker nach vorne geschoben und der Rahmen mit dem anderen Fuß weggestoßen. Die Tailwhip-Bewegung unterstützt man, indem man den Lenker nun wieder zum Körper heranzieht. Dabei leicht in die Knie gehen und das Gleichgewicht mit dem Bein ausbalancieren. Wenn das Hinterrad über der Rampe ist, steht man schnell aus der Hocke auf, drückt den Lenker nach vorne und springt über das Vorderrad in die Rundung zurück. In der Luft den Fuß vom Reifen lösen, über den Rahmen bringen und auf die Pedale springen.

Tipp: Den Footjam Tailwhip übt man am besten zuerst in der Schrägen einer Bank, bevores auf die Rampe geht.

Rider: Christoph „Stricker“ Nöckel, Spot: Northbrigade, Köln

Spine Springen

Gerade auf die Rampe zufahren, im oberen Drittel der Rampe eine leichte Kurve fahren, wenn das Hinterrad über das Coping kommt das Gewicht nach vorne verlegen. Das Hinterrad nach Bedarf etwas anheben, um so dann um 90° versetzt auf die Plattform zu rollen. Gerade auf die Rampe zufahren, im oberen Drittel der Rampe eine leichte Kurve fahren, wenn das Hinterrad über das Coping kommt das Gewicht nach vorne verlegen. Das Hinterrad nach Bedarf etwas anheben, um so dann um 90° versetzt auf die Plattform zu rollen.

Rider: Markus Reuss, Spot: Rheinaue, Bonn

No Hander

Beim No Hander wird nach dem Absprung der Lenker in den Schoß geworfen und der Oberkörper nach vorne gelehnt, sodass der Lenker zwischen Knien und Bauch eingeklemmt werden kann. Um das Rad weiter zu stabilisieren, können die Knie am Oberrohr zusammengepresst werden. Gleichzeitig werden die Hände vom Lenker gelöst und vom Körper weggestreckt. Diese Position kurz halten und die Landung anvisieren. Anschließend den Oberkörper wieder aufrichten, gegebenenfalls die Knie lösen, mit beiden Händen an den Lenker greifen und diesen vom Körper wegdrücken, damit man kontrolliert in der Rampe eintauchen kann.

Rider: Markus Reuss Spot: Rheinaue, Bonn

360 to Fakie

Die Rampe in einer leichten Kurve hochfahren. Kurz vor dem Coping abspringen, das Rad an den Körper heranziehen und mit dem Kopf über die innere Schulter schauen. Jetzt um 360 Grad um die eigene Achse drehen, Körper und Rad folgen dabei der Blickrichtung. Vor der Landung das Rad vom Körper wegdrücken, nach hinten lehnen und rückwärts auf der Rampe landen. Nach einem kurzen Rollback umdrehen und vorwärts weiterfahren.

Tipp: Wer - wie Bruno - den 360 to Fakie über dem Coping machen möchte, fährt ganz gerade auf die Rampe zu und dreht das Rad wesentlich langsamer.

Rider: Bruno Hoffman,
Spot: Bikepark Winterberg

// Andi Kaiwesch, Skatepark St. Wendel, Foto: JPK

*// Mark König,
Skatepark St. Wendel, Foto: JPK*

// Paddy Gross, Brilon, Foto: JPK

DIRT

AUSDAUERNDE EIGENINITIATIVE IST GEFRAGT. MANCHMAL MUSS MAN SICH DIE HÄNDE SCHMUTZIG MACHEN FÜR FLOW UND FLIEGEN

VORWORT

von Benjamin Paulsen

Mit acht Jahren schenkten meine Eltern mir mein erstes BMX-Rad. Meine ersten Fahrversuche bestanden darin, mit einem Jungen aus der Nachbarschaft durch den Wald zu heizen und möglichst viele Bodenwellen als Schanzen zu benutzen. Dass mein erstes BMX seine Verkehrstauglichkeit innerhalb kürzester Zeit verlor, versteht sich von selbst.

1996 zog ich dann mit zwei Freunden durch die Umgebung meiner Stadt, um ein geeignetes Gelände für unsere ersten eigenen Dirtjumps zu finden. Wir hatten damals keine Ahnung worauf wir achten müssen, damit wir gute Hügel bauen können. Uns war nur wichtig, dass das Gelände etwas außerhalb lag, damit wir unsere Ruhe hatten und keiner unsere Hügel zerstörte.

Wir fanden schließlich einen Spot, der auf einer Lichtung in einem kleinen Wald lag und direkt an einen See grenzte. Bevor wir anfingen, war hier nichts zu sehen außer Gestrüpp, hohes Gras und eine Menge junger Birken. Um ehrlich zu sein, sah es nicht so aus als würde man hier in nächster Zeit BMX fahren können. Aber genau das war es, was wir wollten.

Wenn ich jetzt so darüber nachdenke, kann ich mich noch genau daran erinnern, wie wir den ersten Spatenstich machten. Ab diesem Moment haben wir Wochen und Monate damit verbracht, mit Schaufeln, Spaten und Schubkarre Erde von A nach B zu transportieren. Und nach ein paar Wochen hatten wir es geschafft, nur mit Manneskraft einen kleinen Table und einen Starthügel zu buddeln. Schnell entwickelte sich eine Euphorie, die uns alle nach der Schule und erledigten Hausaufgaben zu „unseren Hügeln" trieb, um noch etwas weiter zu bauen und anschließend eine Runde zu springen. Bald bekamen einige Schulkameraden von der Sache Wind und schnell entwickelte sich eine beachtliche Szene in unserer Stadt.

Was mir am Dirtfahren schon damals gut gefiel, ist die Tatsache, dass man bauen kann, was man will. Diese Freiheit geht mit einer Spannung einher, herauszufinden, ob das Gebaute auch tatsächlich funktioniert. Außerdem stehe ich natürlich auf Springen und schnelles Fahren, was bei dieser Disziplin ja auch essentiell ist. Wenn ich mir alte Fotos anschaue, ist es schon lustig zu sehen, wie klein die Hügel früher waren und mit welcher Begeisterung wir irgendwo einen Erdhügel abtrugen, um ihn an anderer Stelle wieder als Absprung oder Landung aufzubauen. Dabei waren uns kaum Grenzen gesetzt und wir konnten uns alle frei entfalten. Während eine Gruppe sich einen großen Trickhügel baute, waren die anderen damit beschäftigt, ein Line zu schaufeln, die letztendlich mit einem Sprung in eine Steilkurve endete. Wir hielten das damals übrigens für unglaublich verrückt.

Seit jeher bin ich begeisterter Dirtfahrer und in den letzten 13 Jahren habe ich eine Menge Weiterentwicklungen in diesem Bereich miterleben dürfen. Die Ansprüche auf Veranstaltungen und auch an den lokalen Spots sind kontinuierlich gestiegen. Vorbei ist die Zeit als Holzabsprünge und eine Sandlandung für einen Dirtcontests herhalten mussten. Heutzutage werden ganze Dirt-Setups mithilfe von schwerem Gerät kurzfristig aus dem Boden gestampft, nur um sie nach ein paar Tagen wieder dem Erdboden gleich zu machen. Natürlich mag man denken, dass es der totale Schwachsinn ist, so einen Aufwand zu betreiben. Doch durch meine Mitarbeit an solchen Events, hat mir genau diese Entwicklungen einen ganzen Haufen neuer Erfahrungen eingebracht, die ich dann wiederum an meinem Homespot anwenden konnte. Zudem war so die Möglichkeit gegeben, Sachen auszuprobieren, die man zu Hause nicht mal eben so bauen konnte.

Mittlerweile gibt es eine etablierte Dirtszene und es sind viele Vereine gegründet worden, die von ihrer Stadt Grundstücke zur Verfügung gestellt bekommen haben, um sich dort auszutoben. Aber auch die Zahl der geduldeten Spots, die irgendwo in Wäldern, Feldern oder Brachflächen versteckt liegen, hat zugenommen. Viel mehr Fahrer als früher wissen, was es heißt, eine Line zu bauen – auch wenn man nicht gerade mit einem Bagger alles vor die Nase gesetzt bekommt. Und so kann man heute glücklicherweise viele verschiedene Dirtspots fahren.

Dabei darf man aber bitte nie vergessen, dass diese Spots mit Respekt zu behandeln sind. Denn Dirtjumps wachsen bekanntlich nicht einfach so aus dem Boden und wenn Du sie nicht selbst erbaut hast, war es jemand anders, der viel Liebe, Schweiß und harte Arbeit investiert hat, um die Erde so zu formen und zu komprimieren, dass Du mit Deinem BMX-Rad darüber springen kannst.

Dieses Jahr meinte es das Wetter gut mit uns und ich bin in der glücklichen Lage, nicht weit weg von einem Dirtspot zu wohnen. Nach vielen Jahren, in den ich Dirtjumps für Veranstaltungen mit vielen Fahrern und Zuschauern gebaut habe, freue ich mich einfach mal wieder in Ruhe zuhause mit meinen Freunden die Hügel zu renovieren und dann eine gemütliche Session zu fahren, bei der es nicht immer nur darum geht, die krassesten Trick zu zaubern, sondern einfach BMX zu fahren und Spaß haben im Vordergrund steht. Wenn ich jetzt meinen Rucksack packe, und eine Gießkanne anknote, meine Schaufel verstaue und mit dem Rad in den Park zu unseren Hügeln fahre, denke ich an früher, komme mir vor wie 15 und freue mich einfach aufs Springen. Denn Hügel gemeinsam mit Freunden zu bauen, macht großen Spaß und manchmal beschleicht mich das Gefühl, dass Dirtfahren noch einen kleinen Tick besser ist, wenn man selbst mitgeholfen hat, die Sprünge zu bauen.

// Benjamin Paulsen (Jahrgang 1981) ist BMX-Profi und lebt in Moers. In seinem bürgerlichen Leben arbeitet er als Altenpfleger und baut Dirtjumps für BMX-Wettbewerbe.

// S. 227: Dirt Titelfoto: Dominique Leibin, Foto: JPK

Springen

Die Geschwindigkeit eines Sprungs sollte so dosiert werden, dass die Distanz zwischen Absprung und Landung ohne Probleme überwunden werden kann. Um herauszufinden, wie schnell man fahren muss, beobachtet man am besten erfahrene Fahrer. Wer sich trotzdem unsicher ist, fragt am besten auch noch mal nach. Es kann auch helfen, sich von jemanden „ziehen" zu lassen. Dabei fährt man einfach einem anderen Fahrer nach und passt sich seiner Geschwindigkeit an. Das angemessene Tempo variiert je nach Größe und Winkel des Absprungs sowie der Länge des Hügels.

Ein paar Meter vor dem Hügel mit dem Treten aufhören, um sich voll auf den Absprung kontrollieren zu können. Die Kurbel waagerecht stellen, leicht in die Knie gehen und die Spitze des Absprungs anvisieren. Beim Hochfahren des Absprungs wird das Rad leicht mit Knien und Armen in dessen Rundung gedrückt. Das Körpergewicht liegt dabei über der Mitte des Rades. Sobald das Vorderrad die Spitze erreicht, zieht man am Lenker, steht aus der Hocke auf und verlagert das Körpergewicht etwas nach vorne. Sobald das Hinterrad die Kuppe passiert, wird der Lenker nach vorne geschoben. Während des Fluges, werden beide Räder so ausgerichtet, dass sie auf gleicher Höhe sind. Gleichzeitig wird die Landung angepeilt.

Wenn der höchste Punkt überschritten wurde, bereitet man sich darauf vor, zu landen. Wie dies vonstatten geht, hängt ganz von dem Winkel der Landung ab. Bei einer steilen Landung wird das Vorderrad nach unten gedrückt, damit es zuerst aufsetzen kann. Bei einer flachen Landung ist es eher sinnvoll, auf dem Hinterrad zu landen. Die richtige Technik guckt man sich am besten auch von anderen Fahrern ab. Wer auf beiden Rädern gleichzeitig landet, macht meist nichts falsch. Auf jeden Fall sollte das Körpergewicht direkt über dem Rad liegen. Die Landung wird mit Knien und Armen abgefedert.

Tipp: Es ist sinnvoll, das Springen zunächst über einen *Table* zu üben. Dies ist ein Dirthügel, der zwischen Absprung und Landung mit Erde ausgefüllt ist. Bei einem *Double* klafft hingegen dazwischen ein Loch. Anfänger laufen Gefahr, in dieses zu fallen, wenn sie zu kurz springen oder in der Luft vom Rad abspringen müssen.

Rider: Benjamin Paulsen, Spot: Moers

Table Top

Für einen klassischen Table Top wird das Rad auf die Seite gelegt, sodass der Rahmen sich in einer waagerechten Position zum Boden befindet. Dazu wird der Lenker nach dem Absprung um 90 Grad eingeschlagen und das Rad gleichzeitig zur Seite weggeklappt. Um dies zu erreichen, werden die Beine angezogen, ein Griff in Richtung Boden gedrückt und der Oberkörper nach vorne gebeugt. Die vom Körper weiter weg liegende Hand umfasst nur leicht den Lenker, damit sich das Rad besser drehen lässt, während das Gelenk der anderen Hand eingeknickt wird. Ellbogen und Knie bleiben dabei zusammen. Nachdem das Rad in eine waagerechte Position gebracht wurde, wird es anschließend wieder in seine normale Lage zurückgedreht, indem man Arme und Beine vom Körper wegstreckt. Jetzt die Griffe wieder fest umfassen und in die Landung eintauchen.

Rider: Max Heidböhmer Spot: Moers

X-Up

Für den X-Up springt man am besten ein wenig steiler ab als sonst, damit das Vorderrad in der Luft höher ist als das Hinterrad. Nach dem Absprung die Beine durchgestrecken und zum Sattel bringen. Dadurch wird verhindert, dass der Lenker während des Tricks nicht an den Knien hängenbleiben kann. Anschließend den Lenker eingeschlagen, bis die Arme überkreuz sind. Dabei sollte man sich vorher im Klaren darüber sein, in welche Richtung man den Lenker lieber dreht. Beim Zurückdrehen des Lenkers darauf achten, dass die Beine am Sattel bleiben. Zum Schluss nach vorne lehnen und in die Landung eintauchen.

Rider: Benjamin Paulsen, Spot: Moers

Lookdown

Während eines Lookdowns steht der Fahrer über dem Rad und guckt nach unten. Dazu steil abspringen, sodass während der Flugphase das Vorderrad höher ist als das Hinterrad. Dann nach vorne lehnen und die Beine durchstrecken. Gleichzeitig das Rad um etwa 90 Grad drehen, die Kurbel in eine waagerechte Position bringen und den Lenker einschlagen. Am Ende dieser Bewegung steht der Körper aufrecht über dem Rad. Ein Lookdown gilt als „geklickt", wenn der Lenker 180 Grad, als „überklickt" hingegen, wenn er 270 Grad eingedreht wird. Ein Lookdown ist richtig gut, wenn der Vorderradreifen am Hosenbein schleift. Anschließend nach hinten lehnen und sowohl den Lenker als auch das Rad zurückdrehen, damit man sauber landen kann.

Tipp: Der Lookdown ist über *Hips* (Sprung mit einer 30 bis 90 Grad versetzten Landung) etwas einfacher als geradeaus. Über eine Hip muss man nicht so sehr darauf achten, dass Rad zu drehen, weil dies automatisch passiert.

Rider: Benjamin Paulsen, Spot: Moers

No Footer

Beim No Footer werden die Füße während des Sprungs von den Pedalen genommen. Dazu mit normaler Geschwindigkeit auf einen Hügel zufahren und nach dem Absprung das Rad so ausrichten, dass sich Hinter - und Vorderrad auf einer Höhe befinden. Anschließend die Füße gleichzeitig von den Pedalen nehmen und seitlich vom Rad wegstrecken. Dabei kann die Hinterradbremse gezogen werden, um sicher zu gehen, dass die Kurbel in Position bleibt. Die Arme bleiben gerade und werden vom Körper weggestreckt.

Während die Füße in der Luft sind, guckt der Kopf nach unten, um die Pedale im Auge zu behalten. Nachdem die Beine komplett durchgestreckt wurden, werden die Füße wieder auf die Pedale gesetzt. Einer sicheren Landung steht nun (fast) nichts mehr im Weg.

Rider: Dirty Dirk, Spot: Duisburg

Can Can

Beim Can Can wird während des Sprunges ein Bein über das Oberrohr gehoben und zur Seite weggestreckt. Mit dieser Bewegung beginnt man am besten direkt nach dem Absprung. Das Rad wird während des Tricks mit den Armen und dem anderen Fuß stabilisiert, dessen Bein gerade bleibt. Das Vorderrad sollte während der gesamten Flugphase höher sein als das Hinterrad. Extrapunkte gibt es, wenn man den Lenker an den Oberkörper heranzieht und den Fuß nicht zur Seite, sondern nach unten wegstreckt. All hail Taj!

Rider: Dirty Dirk, Spot: Duisburg

No Foot Can Can

Der No Foot Can Can ist eine Variation des No Footers. Mit normaler Geschwindigkeit auf einen Hügel zufahren und nach dem Absprung das Rad so ausrichten, dass das Vorderrad leicht höher als das Hinterrad ist. Anschließend die Füße gleichzeitig von den Pedalen nehmen und einen Fuß zur Seite strecken, während der andere über das Oberrohr gehoben wird. Um diesen möglichst weit auf die andere Seite des Rahmens zu bekommen, wird die Hüfte in die entsprechende Richtung gedreht. Dabei kann die Hinterradbremse gezogen werden, um sicher zu gehen, dass die Kurbel in Position bleibt. Die Arme bleiben gerade und werden vom Körper weggestreckt. Der Kopf guckt nach unten, um die Pedalen im Auge zu behalten. Sobald beide Beine auf einer Seite des Rades durchgestreckt sind, wird die Landung vorbereitet. Dazu den gesamten Körper wieder über das Rad bringen und die Füße zurück auf die Pedale setzen. Jetzt gegebenenfalls noch die Bremse lösen und anschließend landen.

Rider: Alex Stinshoff, Spot: Essen

Superman

Voraussetzung für den Superman ist der No Footer. Mit normaler Geschwindigkeit auf den Hügel zufahren und nach dem Absprung sofort damit beginnen, beide Füße gleichzeitig von den Pedalen zu nehmen und die Beine nach hinten durchzustrecken. Dabei kann die Hinterradbremse gezogen werden, um zu verhindern, dass sich die Kurbel bewegt. Noch während der Steigphase wird das Rad mit ausgestreckten Armen nach vorne gedrückt, wobei der Sattel in Richtung Brustkorb geht. Der Blick ist dabei die ganze Zeit über auf die Pedale gerichtet. Am höchsten Punkt liegt das Vorderrad höher in der Luft als das Hinterrad. Die Beine sind komplett durchgestreckt und die Füße werden zusammengepresst. Vor der Landung das Rad wieder unter den Körper ziehen, gegebenenfalls die Bremse lösen und die Füße auf den Pedalen platzieren.

Rider: Dominique Leibin, Spot: Essen

360

Etwas schneller als normalerweise auf den Hügel zufahren. Vor dem Absprung wird die Rotation durch einen kleinen Schlenker entgegen der Drehrichtung eingeleitet. Dies sollte kurz vor der Oberkante des Hügels geschehen. Dabei darauf achten, dass man mehr als sonst in die Knie geht und geradeaus weiterfährt. Sobald das Vorderrad den Absprung verlässt, steht man aus der Hocke auf, schaut gleichzeitig über die Schulter und leitet dadurch die Drehung ein. Während der Flugphase sollte der Körper leicht gebückt bleiben. Nach etwa 200 Grad wird die Landung anvisiert. Arme und Beine bleiben die ganze Zeit lang leicht angewinkelt. Auf keinen Fall damit aufhören, über die Schulter zu blicken! Die Landung anpeilen, die Drehung durch Aufrichten des Oberkörpers öffnen und das Rad geradestellen, damit optimalerweise auf beiden Rädern gleichzeitig gelandet werden kann.

Tipp: Der 360 sollte zuerst auf eine Jumpbox oder eine Quarterpipe probiert werden, bevor man ihn über einen Dirtjump versucht, denn die Drehung klappt bestimmt nicht beim ersten Mal. Und immer daran denken, dass größtenteils der Kopf bzw. die Blickrichtung für die Drehung zuständig sind.

Rider: Benjamin Paulsen, Spot: Moers

// Peter Fastenroth, Rentnerglück, Foto: JPK

// Manual Mike,
Foto: JPK

// Dominique Leibin,
Foto: JPK

// Janek Wentzky, Foto: JPK

VERT

WAS IST EIGENTLICH VERT? UND FÄHRT DAS ÜBERHAUPT NOCH JEMAND?

etnies
etnies

VORWORT

von Achim Kujawski

Ende der achtziger Jahre, als ich mich mit BMX-Freestyle infizierte, fuhr man als Rampenfahrer alles, was eine Rundung hatte - ganz egal, wie groß oder klein diese war. Zuerst ging es meistens in die Minirampe, um neue Tricks auszuprobieren, anschließend auf die Quarterpipe. Im besten Fall standen sich zwei davon gegenüber, jeweils 2,4 m hoch und 2 m breit, dazwischen nicht selten 30 m Asphalt. Das Schöne daran war, dass man nicht bei jedem Air (180-Grad-Drehung) optimal landen musste. Nach tiefen Landungen hatte man genügend Zeit, zwischen den Rampen Vollgas zu geben und kam so schnell wieder auf Höhe.
Wie alle anderen BMX-Disziplinen, entwickelt sich auch Vert irgendwann weiter. Beim Skateboarden wurde schon lange Halfpipe gefahren. Warum sollte das nicht genauso gut mit einem BMX-Rad funktionieren? Ron Wilkerson war einer der ersten, der Ende der Achtziger eine Halfpipe in seinen Garten stellte und darauf Wettbewerbe veranstaltete. Die Vorteile einer Halfpipe waren bald allen klar: das kraftraubende Treten zwischen den Rampen fiel weg und der Fahrfluss war deutlich besser. Und so dauerte es nicht lange, bis Quarterpipewettbewerbe ein Ding der Vergangenheit waren.

Was hat das alles aber mit dem Begriff „Vert" zu tun? Nun, Vert kommt von *vertical*, also der Vertikalen, mit der eine Halfpipe abschließt. Deshalb wird eine Halfpipe auch oft einfach als „Vert" bezeichnet. Doch warum schließt die Halfpipe mit einer Vertikalen ab? Eigentlich ganz logisch: Eine, wenn nicht die Faszination beim Halfpipefahren ist es, möglichst hoch hinaus zu springen. Wer schon mal Airs in einer Minirampe gemacht hat, wird gemerkt haben, dass man ganz schön am Rad ziehen muss, um beim Wiedereintritt in die Rampe nicht hängenzubleiben. Das wird umso schwieriger, desto höher man fliegt. Der Grund dafür ist, dass eine Minirampe am Abschluss schräg ist, was zur Folge hat, dass man bei Airs jedes Mal über die Plattform gedrückt wird. Dies kann nur mit einer Ziehbewegung ausgeglichen werden. Schließt eine Rampe hingegen vertikal ab, schießt man in erster Linie nach oben. Dadurch sind Airs in der Halfpipe um einiges einfacher und weniger anstrengend als auf der Minirampe. Beinahe komplett ohne Kraftaufwand kann man sich fliegen lassen und muss lediglich ein wenig die Flugbahn korrigieren, bevor man wieder eintaucht. Danach hat man genügend Schwung, um auf der anderen Seite noch höher hinaus zu gehen. Apropos höher: Dank der Vertikalen kann man in der Halfpipe Höhen erreichen, von denen Minirampenfahrer nur träumen.

Zwischen Vert- und Dirtfahren gibt es viele Gemeinsamkeiten. Beides hat einen bestimmten Rhythmus und auch das Pushen, das Fliegenlassen und das Eintauchen sind sich ähnlich. Sind Airs erst einmal zur Routine geworden, kann man damit beginnen, die Rampe zu *carven*, also die gesamte Breite auszunutzen, oder *Alley Oops* (Springen mit dem Rücken zur Flugrichtung) zu machen. Versierte Fahrer können sogar Airs in beide Richtungen. Für den Zuschauer soll das Ganze möglichst mühelos aussehen. Diese Techniken erfordern jedoch viel Übung, und nur ganz wenige Fahrer beherrschen sie perfekt. Hat man aber erstmal den Dreh raus, fällt es einem leicht, Halfpipe zu fahren und man hat eine Menge Spaß dabei.

Natürlich hat sich Halfpipefahren über die Jahre verändert und weiterentwickelt. Waren die Rampen am Anfang noch recht schmal, sind sie heutzutage meistens mindestens 12 m, auf Wettbewerben sogar 18 m oder breiter. Mit den Jahren wurden die „Verts" außerdem immer höher. Lag der Standard früher bei 3 m, hat sich dieser in Schüben mittlerweile bei 4,3 m eingependelt. Da steht man schon vor einem ganz schönen Berg und genauso fährt sich das Ganze zunächst auch. Aber selbst bei solchen Brummern gilt: Hat man sich an den großen Radius und den entsprechenden Rhythmus gewöhnt, fängt der Spaß erst so richtig an...

Zu den besten Vertfahrern aller Zeiten gehören zweifelsohne Mat Hoffmann und Jamie Bestwick. Mat eroberte mit seinem radikalen Style und wilden Variationen Anfang der Neunziger die Halfpipes dieser Welt im Sturm. Kein Trick war vor ihm sicher, keine Idee erschien ihm zu abwegig. So war er beispielweise der erste Fahrer, der 1989 einen 900er (zweieinhalbfache Drehung um die eigene Achse) vor Publikum schaffte. Zwar gibt es Gerüchte, dass zuvor schon Mike Dominguez diesen Trick in seiner Garageneinfahrt gestanden hatte, aber leider gab es dafür keine Zeugen. Auch wenn Mike dieser Stunt durchaus zuzutrauen war, gingen die Lorbeeren dafür letztendlich an Mr. Hoffman. Auf diesen ruhte sich der Gute aber keineswegs aus. Immer wieder überraschte er die BMX-Welt mit neuen, waghalsigen Variationen. Sein Meisterstück ist sicherlich der Backflip (Rückwärtssalto) auf einer Quarterpipe, den er im März 1990 während einer Show in Paris erstmals ausfuhr. Über Nacht veränderte dieser Trick für immer die BMX-Welt. Aber Mats schier grenzenloser Mut hatte seinen Preis. Verletzungen waren für ihn mehr die Regel als die Ausnahme, unzählige Male lag er auf dem Operationstisch. Doch selbst nach zig Kreuzbandrissen und ausgekugelten Schultern blieb er immer seinem Motto treu: Wenn du nach einem Wettbewerb noch gehen kannst, dann hast du nicht alles gegeben!

Nicht so riskant, aber dafür nicht weniger sensationell fährt Jamie Bestwick. Der gebürtige Engländer gilt derzeit unbestritten als bester Halfpipefahrer der Welt. Jamies Stil ist deutlich vom Dirtfahren inspiriert und er legt großen Wert auf die perfekte Ausführung seiner Tricks. Aufgrund seines unvergleichbaren Flows und seiner perfekten Technik, ist es eine wahre Augenweide, ihm beim Vertfahren zuzusehen. In schwindelerregenden Höhen reiht er spielerisch die schwierigsten Kombinationen aneinander und hat im Anschluss daran immer noch genügend Puste, um entspannt dem Publikum zuzuwinken. Jamie ist der perfekte Profi und dominiert mit einer unglaublichen Leichtigkeit die internationale Contestszene. Und das, obwohl er mittlerweile schon 38 Jahre alt ist.

Vertfahren ist zweifellos eine der spektakulärsten BMX-Disziplinen. Trotzdem ist in den letzten Jahren die Halfpipe immer mehr von der Bildfläche verschwunden. Woran das liegt? Eine sehr gute Frage. Ich kann hier nur mutmaßen: Zum einen gibt es weltweit nur eine sehr begrenzte Anzahl guter Vertrampen. Das war einmal anders. Bis in die neunziger Jahre hinein stand in jedem Skatepark eine ordentliche Halfpipe. Aber die Tatsache, dass Vertfahren eine recht gefährliche Angelegenheit und deshalb schwierig zu erlernen ist, mag viele Anfänger davon zurückhalten, es einmal damit zu versuchen. Dass die Rampen in der letzten Zeit immer größer geworden sind, hat sicher ebenfalls eine abschreckende Wirkung. Wie dem auch sei, es ist auf jeden Fall leider so, dass Vertrampen immer mehr aus den Parks verschwinden. Wenn man keine vernünftige Rampe vor der Tür stehen hat, dann fährt man eben lieber das, was einem zur Verfügung steht. Wer sich heutzutage für das Rampefahren interessiert, der landet meistens in der Minirampe oder auf dem Streetparcours, denn davon gibt es mehr als genug. Außerdem ist es meistens so, dass sich bei diesen Disziplinen schneller der Erfolg und damit unter Umständen auch der Spaß einstellt. Hinzu kommt, dass es mittlerweile viele BMXer cool finden, komplett ohne Schoner zu fahren. In der Halfpipe herrscht jedoch Schonerpflicht! Neben Knie- und Ellbogenschonern, gehört ein Integralhelm zur Grundausstattung - was definitiv nicht dazu beigetragen hat, Anfänger für das Vertfahren zu begeistern.

Aber es gibt Hoffnung! So entsteht in den USA gerade wieder eine kleine Vertszene. Schaut man sich an, wer in der Halfpipe bei Wettbewerben startet, findet man Namen wie Dennis McCoy, Kevin Robinson, Simon Tabron und den bereits erwähnten Jamie Bestwick. Diese Jungs fahren schon seit über 20 Jahren Contest und platzieren sich nach wie vor ganz oben. Einige dieser Veteranen haben das berühmte Woodward Camp zu ihrem Zuhause gemacht. Es hat sich eine Gruppe von jüngeren Fahrern um sie geschart, die jeden Tag gemeinsam fahren. Chad Kagy, Steven McCann, Francisco Zurita und Zack Warden gehören zu dieser Generation. Auch dank ihnen, ist das Level in der Halfpipe höher denn je. Fast bei jedem Wettbewerb gibt es neue Tricks zu sehen, die noch nie auf Vert gemacht worden sind. Dreifache Tailwhips, 540 Whips, Double Downside Whips, Double Flairs und 900er stehen für diese Fahrer auf der Tagesordnung.

Wer sich jetzt für Halfpipe interessiert, sollte keine Berührungsängste haben. Einfach mal rein in die Rampe und ein paar Runden drehen - durch die Transition pushen, das Gefühl dafür bekommen. Es lohnt sich...

// Achim Kujawski (Jahrgang 1972) fuhr 1995 seinen ersten BMX-Contest als Profi mit. Heute lebt er in Köln, organisiert internationale Wettbewerbe, arbeitet als Teammanager für Nike 6.0 und ist Miteigentümer von Fastpace Bike Distribution.

// S. 253: Achim Kujawski, Jugendpark, Köln, Foto: R. Maier
// Foto rechts: Mat „The Condor" Hoffman, Foto: R. Maier

Red Bull
PlayStation

Basic Air

Die Beherrschung eines guten Basic Airs ist die Grundvoraussetzung für alle Air-Variationen. Nur wer sich in der Luft wirklich sicher fühlt, sollte dazu übergehen, die Füße von den Pedalen oder die Hände vom Lenker zu nehmen.

Das Ziel eines Basic Airs ist es, sich möglichst hoch über dem Coping um 180 Grad zu drehen. Umso schneller man auf die Rampe zufährt, desto höher springt man dabei. Die innenliegende Schulter wird während des Airs ein wenig nach unten gedrückt, während Oberkörper und Kopf die Drehrichtung vorgeben. Wichtig ist es, darauf zu achten, dass man während der Flugphase das Rad nicht zu weit von der Rampe wegzieht, da man sonst sehr tief landet. Außerdem dürfen sich weder das Hinter- noch das Vorderrad vor dem Eintauchen in die Rampe über der Plattform befinden, sonst bleibt man mit ihnen am Coping hängen und kann schwer stürzen. Ganz wichtig ist es, beim Verlassen der Rampe immer das Vorderrad und das Coping im Auge zu behalten, sodass gegebenenfalls mit den Armen die Flugbahn korrigiert werden kann.Das Körpergewicht liegt während der Flugphase über dem Lenker und nicht über dem Hinterrad. Um in die Rampe wieder einzutauchen, wird zuerst das Vorderrad kurz hinter dem Coping in die Rundung gedrückt, erst danach das Hinterrad.

Rider: Tim Eichert, Spot: Rheinaue Bonn

Dickies
VANS

One Hander

Der One Hander ist ein relativ einfacher Trick. Während des Aufstiegs eine Hand vom Griff nehmen und vom Körper wegstrecken. Dabei spielt es keine Rolle, welche Hand man nimmt. Eine Seite wird sich aber intuitiv leichter lösen lassen. Am höchsten Punkt ist der Arm komplett durchgestreckt. Die Flugbahn des Rades wird mit dem anderen Arm stabil gehalten, der angespannt bleibt. Vor dem Eintauchen in die Transition wird die freie Hand wieder an den Lenker geführt.

Tipp: Um sich an das einhändige Fliegen zu gewöhnen, kann man erstmal nur einige Finger vom Griff lösen, um ein Gefühl dafür zu entwickeln, wie es ist, den Lenker in der Luft loszulassen.

Rider: Tim Eichert, Spot: Rheinaue, Bonn, Foto: Ralf Maier

Can Can

Beim Can Can wird das obere Bein über das Oberrohr gehoben und nach unten weggestreckt. Mit dieser Bewegung beginnt man am besten direkt nach dem Verlassen der Rampe. Das Körpergewicht wird dazu über die Rampe verlagert und das Rad leicht über die Plattform gedrückt. Den Lenker leicht einknicken und das Rad während des Tricks mit den angespannten Armen stabilisieren. Einen Can Can kann man selbstverständlich auch *topside* machen. Dazu wird das Bein nach oben durchgestreckt.

Rider: Aze Etzold, Spot: Rheinaue, Bonn

Lookback

Anfahren wie für einen normalen Air. Sobald man in der Luft ist, wird das Hinterrad mit der Hüfte seitlich vom Körper weggedrückt. Dazu werden die Beine durchgestreckt. Gleichzeitig den Lenker soweit wie möglich einschlagen und an sich heranziehen. Das äußere Bein befindet sich jetzt zwischen Lenker und Rahmen, das Hinterrad neben dem Körper und zeigt in Richtung Plattform. Nun den Lenker wieder vom Körper wegdrücken, das Gewicht nach vorne verlagern und über das Vorderrad bringen. Für einen sauberen Wiedereintritt in die Rampe wird das Rad leicht an den Körper herangezogen.

Rider: Benjamin Kopp, Spot: Bielefeld

EASTPAK

One Hand One Footer

Für diesen Trick werden nach dem Verlassen der Rampe eine Hand und ein Fuß gleichzeitig vom Körper weggestreckt. Welche Hand und welcher Fuß vom Rad gelöst werden, ist eigentlich egal. Am schönsten sieht der Trick aber aus, wenn man dazu - wie Benny - den unteren Fuß und die untere Hand nimmt. Es sind aber auch alle anderen Variationen möglich. Wichtig ist es, sich dabei ein wenig aufzurichten und das Rad vom Körper wegzudrücken. Wer möchte, kann dabei die Hinterradbremse ziehen, um zu verhindern, dass sich die Kurbel dreht. Am höchsten Punkt sind der freie Arm und das freie Bein vollkommen durchgestreckt. Nun wird das Rad wieder an den Körper herangezogen und Fuß und Hand zurück auf die Pedalen gesetzt. Wer jetzt noch sauber eintaucht, hat alles richtig gemacht.

Rider: Benjamin Kopp, Spot: Bielefeld

Lookdown

Während eines Lookdowns steht der Fahrer über dem Rad und guckt nach unten in die Rampe. Nach dem Absprung nach vorne lehnen und die Beine durchstrecken, um das Hinterrad gegen die Flugrichtung zu drücken. Das Rad gleichzeitig unter den Körper bringen, die Tretkurbel waagerecht stellen und den Lenker eindrehen. Ein Lookdown gilt als „geklickt“, wenn der Lenker 180 Grad, als „überklickt“ hingegen, wenn er 270 Grad eingedreht wird. Anschließend den Lenker zurückdrehen und das Körpergewicht nach vorne verlagern, damit das Rad nach unten abtauchen und sauber in die Rampe gebracht werden kann.

Tipp: Am einfachsten ist Lookdown, wenn man die Rampe ganz gerade hochfährt und den Air nicht „carvt“ („carven“: einen Bogen springen).

Rider: Tim Eichert, Spot: Rheinaue, Bonn

Dickies
VANS

Invert

Anfahren wie für einen normalen Air. Das Rad in der Luft flach legen und an den Körper ziehen, indem der äußere Griff in Richtung Boden gedrückt wird. Die Knie und Arme dabei anwinkeln und mit der inneren Hand locker den Griff umfassen, damit sich das Rad drehen kann. Der Oberkörper wird während des Inverts kaum gedreht. Vielmehr kommt es darauf an, das Rad an den Körper zu pressen. Arme und Knie bleiben dabei zusammen. Anschließend das Rad wieder in seine normale Lage zurückdrehen und in die Rampe eintauchen.

Rider: Tim Eichert, Spot: Rheinaue, Bonn, Foto: Ralf Maier

No Hander

Es empfiehlt sich, für den No Hander einen hohen Air zu springen, damit man genügend Zeit hat, um die Hände vom Lenker zu nehmen. Nach dem Verlassen der Rampe wird der Lenker in den Schoß geworfen und der Oberkörper nach vorne gelehnt, sodass der Lenker zwischen Knien und Bauch eingeklemmt werden kann.

Um das Rad weiter zu stabilisieren, können die Knie am Oberrohr zusammengepresst werden. Gleichzeitig werden die Hände von den Griffen gelöst und vom Körper weggestreckt. Diese Position kurz halten und das Coping anvisieren. Anschließend den Oberkörper wieder aufrichten, gegebenenfalls die Knie lösen und mit beiden Händen an den Lenker greifen, damit man kontrolliert in die Rampe eintauchen kann.

Rider: Tim Eichert, Spot: Rheinaue, Bonn, Foto: Ralf Maier

Dickies

540

Bevor man sich an den 540 wagt, sollte man eine gute 360-Routine haben und vielleicht schon mal versucht haben, 360s auf eine Jumpbox zu überdrehen, um ein Gefühl für die 540-Grad-Drehung zu bekommen. Für den 540 unter dem Coping kurz einlenken und wie beim 360 den Schwung für die Rotation aus dem Oberkörper aufnehmen. Dabei über die Schulter schauen und versuchen, das Coping anzupeilen.
Das Rad wird während der Drehung leicht in Richtung Körper gezogen, damit es nicht über die Plattform kommt. Den Kopf in Drehrichtung mitnehmen, bis die Rotation fast vollendet ist. Vor dem Eintauchen die Drehung öffnen, aufrichten und dann das Rad in die Rundung drücken.

Tipp: Der 540 sollte zuerst im unteren Abschnitt der Rampe geübt werden, bevor man ihn über dem Coping versucht. Dabei lieber das Rad ein bisschen mehr von der Rampe wegziehen. Dadurch landet man zwar tief, aber das ist besser, als mit den Rädern am Coping hängen zu bleiben.

Rider: Tim Eichert, Spot: Rheinaue, Bonn

// Ralf Maier, Backyard Ramp, Köln (1991), Foto: Urz

// John Parker, Köln, Foto: Ralf Maier

THE BMX BOOK

Currywurst
Bratwurst
Pommes
Currywurst
Bratwurst
Pommes

SOUVENIRS

BERLIN

Langnese
EIS
SOUVENIRS
FILME - BATTERIEN
LANGNESE

THE BMX BOOK *PEOPLE*

Fotografie / Lektorat / Grafik

Jan Philipp Kovermann (Jahrgang 1980) studiert Architektur und arbeitet als freiberuflicher Fotograf für das freedombmx Magazin und Cream BMX Lifestyle Magazine sowie Werbekunden im BMX-Business. Anfang der neunziger Jahre, beeinflusst von Fotos der damaligen Skateboardmagazine, entdeckte er seine Begeisterung für die Fotografie. 1995 bekam er seine erste Spiegelreflexkamera und begann mit der Dokumentation der BMX-Szene. Jan Philipps Wunsch ist es, nie wieder Zug zu fahren. Er vertraut darauf, irgendwann eine extravagante Oldtimersammlung zu besitzen.

Markus Wilke (Jahrgang 1974) war von 1994 bis 2006 BMX-Profi, heute lebt er in seinem Bademantel in Köln-Neuehrenfeld. Er studiert Politikwissenschaft und arbeitet für AllRide BMX Distribution, freedombmx TV und soulbmx.tv. Markus einziger Wunsch ist es, niemals wieder ein Auto zu besitzen. Er vertraut darauf, dass sich alles Weitere dann schon von alleine regelt.

Roman Scheid (Jahrgang 1981) startete ca. 1993 mit BMX in Bonn. Er durchlebte eine intensive Flatland Phase, widmete sich dann jedoch wieder dem Allround BMX-Fahren. Er liebt jede Seite des BMX, besonders die des Direkt-um-die-Ecke-Fahrens, Um-die-Ecke-Denkens und die des Lachens-beim-Fahren. Heute lebt er bescheiden, zufrieden und heimatverbunden in der Bonner Altstadt. Hier trägt er seine rosie-rote Brille, genießt das Leben und zieht positiv und optimistisch in jeden einzelnen Tag.

Credits & Dank

Danke an alle Fahrer und Mitwirkenden - Dominique Leibin, Michael Steingräber, Pascal Nanko, Christoph Nöckel „Stricker“, Thomas Hirschl, Axel Reichertz, Christian Ziegler, Kay Beutling, Jan Beckmann, Jan P. Kovermann, Dominik Wrobel „Woozy“, Frank Lukas, Matti Röse, Niklas Grossmann „Nik01“, Peter Köcher, Jan „Janosch“ Ritter, Alex „Aze“ Etzold, Christian Ziegler, Jürgen Funk,Tim Eichert, Benny Kopp, Ingo Kraus, Oliver Landgraf, Martin „Billy“ Mahlert, Johannes Wirz, John Krämer, Flo Sailer, Monika Hinz, Tobias Tilgner, Benedikt Herr, Christoph Huber, Björn Evering, Max Heidböhmer, Benjamin Paulsen, Max Heidböhmer , Alex Stinshoff, Sven Hofmann, Janheinen, Markus Reich, Sascha Heydemann, Michael Sommer, Charlie Wagner, Peer Wallenborn, Christian „der Dude“ Kreuzer, Gerrit Rehmann, Paddy Gross, Bruno Hoffmann, Oli Maichle, Mike Fox, Markus Wilke, Peter Fastenroth, Uwe Brandel, Rob Harrison, Sven Gruber, Markus Reuss, Markus Braumann, Tatiana Weintraub, Timm Wiegmann, Carina Kortmann.

Gruß und Dank - Mattia Maier (meine Frau), Michael Maier (mein Bruder), meine Eltern, Familie Cannito, Familie Mühlwitz, Familie Paulus-Cannito, Oma Mühlwitz, Roman Scheid, Markus Wilke, Jan Philipp Kovermann, Christoph Huber, Achim Kujawski, Peoples Store, Unity, Sport Import, Bodo Hellwig, Waldemar Fatkin, freedombmx, Kay Clauberg, XMX, Daniel Weber, 20 Zoll, Hans Friedrich, Tobias Wicke, Björn Mager (Bommel), Senad Grosic, Parano, La Finca, Mark König, Jann Rosskamp, Christian Köhler, Michael Schmitz, Sören Jacobs, Kai Stein, Peter Keller, Dirk Becker, Sara Heinen, Manual Mike, der Spies, Klaus Dyba, Harald Schmid, Thomas Fritscher, Mitch, Niels Thanild, Frank Schnütgen, Titus Dittmann, Franz Swinkels, Philipp Ortziefer, Sebastian Pospischil, Daniel Fuhrmann, Sebo Iacob, Thomas Stellwag, Timo Pritzel, Gido Hinz, Ralph Frien, Petra & Thomas & Daniel Schröter, MTB Rider (Lippe), Jan Sponseil (Sponie), Sonja & Albin & Henry Zinnecker, Petra & Markus & Marius Stammel, Manja & Timo & Loki Zwoboda, Doris & Georg & Charlotte Nachbar, Familie Menden, Bart & Paul de Jong, Manfred Müller, Conny Blasczyk & Joseph Miebach, Wolfgang Prantl, David Schnell, Sandra Stein, Markus Arnoldi, Wolfgang Penzler, Enrique Arteaga, Blaue Funken von 1870 e.V. Köln, VDI Fest der Kalorien, Kölner Eisbären von 1970 e.V., Mike Krüger, Marc Braschoss, Uli Heidkamp, Markus Illgas, Florian Stanka, Donald Kolvenbach, Jürgen Tissmer, Familie Reichertz, Ralph Biener, Bianca Schlich, Dirk Brandes, Ilja Probst, Bernd Reifenberg, Andreas Althaus, Thomas Kern, Thomas Köpke, Klaas Schröder, Steffi Weiss, Clint Miller, Stefan Redinius, Benny Großjohann, Mike Volprecht, Detlef Richter, Andi Zeiss, Mirko Schäfer, Mike Emde, Alexander Fey, Jürgen Krüll, Cony Niemann, Marc Matter, Stephan Willi Wilke, Rosica Bojkova, Mama & Fabian, Markus Grünewald, McFlys, Alex Hartmann, Simon Grohé, Chris Hallman.

Weitere Foto-Credits - Sandra Stein, Joachim Jaeger, Benjamin Günther, Reen West, Roman Scheid, David Ulrich, Christoph Friedel, Urz, Jeffrey Robert Brockmeyer

// Christoph Huber, Hard Skatepark (Österreich) - Foto: JPK

JEFF
KLUGIEWICZ
PHOTO BY WALTER PIERINGER
MANKIND
A BICYCLE MOTOCROSS COMPANY
PLEASE VISIT
MANKINDBMX.COM

// Rob Harrison, Northbrigade, Köln - Foto: JPK

// Sascha Roll - Foto: JPK

ZUPPORT
zupport.de
shop.zupport.de

*// Boogie,
Foto: JPK*

JANØSCHS BMX NEVER DIES!
THE NEXT BIG SHIT IS COMING SOON...

MAKE IT TØ YØUR
DAILY BLOG:
JANØSCHSBMX.DE

// Paddy Gross bei einem Flair in der Lohserampe, Köln - Foto: JPK

foto © timdahlhoff | rabbit-design.de
markusREUSS | Premium PRODUCTS | fastpace BIKE DISTRIBUTION
fastpace bike distribution OHG | Bahnhofstraße 74 | D - 76297 Stutensee | fon +49-7244 - 73 33 40 | fax +49-7244 - 73 33 60 | www.fastpace.de

// Clint Eastwood - Foto: JPK

// Markus Braumann im Skatepark Friedrichhain, Berlin - Foto: JPK

SEBASTIAN POSPISCHIL_FELTBIKES
TOBIAS WICKE_WETHEPEOPLE
MARKUS BRAUMANN_FELTBIKES
FELIX KIRCH_FELTBIKES
JAN BECKMANN_WETHEPEOPLE
WALDEMAR FATKIN_ODYSSEY
SPORT IMPORT
WWW.SIBMX.DE
BMX DISTRIBUTION SINCE 1982
FELTBIKES
wethepeople
sunday!
SALT
ODYSSEY
flybikes
FUSE PROTECTION SYSTEMS
PROTEC
GSPORT
odi
S GANZE TEAM: SPORT IMPORT FACTORY-TEAM: Markus ‚Monkey' Braumann, Tobias ‚Trommler' Wehlisch, Felix Kirch, Simon Moratz, Markus Hampl, Benny Paulsen, Ralf Schiefer, Christian ‚Zieschla' Ziegler, Stefan
ja' Marker, Thomi ‚Imoth' Zronek, Timm Wiegmann, Jan ‚Party Becky' Beckmann, Tobias Wicke, Bruno Hoffmann, Max Gaerting, Bjoern Elvering, Oliver Landgraf, Timo Mrukwia FLAT IS DEAD!: Sebastian ‚Seppl' Pospischil,
ael Sommer, Frank Lukas, Waldemar Fatkin, Matti Röse OUTLAWS: Jürgen Funk, Rene Jansen, Sebo Iacob, Bodo Hellwig FLOW: Sven Gruber, Niklas ‚Unbreakable Nik' Köbis, Oliver ‚Bub' Michel, Dominik ‚Woozy' Wrobel
SPORT IMPORT_INDUSTRIESTRASSE 39_D 26188 EDEWECHT_TELEFON: +49 4405/9280-0_FAX: +49 4405/9280-29_WWW.SIBMX.DE_BHELLWIG@SPORTIMPORT.DE

// Manuel Reckenwald im Skatepark St. Wendel - Foto: JPK

// Jan Philipp Kovermann, Foto: Uwe Brandel

ZWANZIG
ZWANZIG ZOLL RIDERS MAGAZINE
Foto: Christoph Friedl
TRICKS, PEOPLE & STREETCULTURE I 4X JÄHRLICH AM KIOSK
www.zwanzig-zoll.de

// Sven Gruber, Berlin, Foto: JPK